Ya soy

cristiano,

¿ahora qué?

100 *devocionales para ellos*

B&H NIÑOS

Nashville, Tennessee

Ya soy cristiano, ¿ahora qué?

Copyright © 2018 B&H Publishing Group
Todos los derechos reservados

Publicado por B&H Publishing Group
Nashville, Tennessee

Clasificación Decimal Dewey: 242.62
Clasifíquese: NIÑOS/VIDA CRISTIANA/LITERATURA DEVOCIONAL

Las citas bíblicas se tomaron de la Santa Biblia, Nueva Traducción
Viviente, © Tyndale House Foundation, 2010. Usadas con permiso de
Tyndale House Publishers, Inc., 351 Executive Dr., Carol
Stream, IL 60188, Estados Unidos de América. Todos los derechos
reservados.

978-1-4336-4469-6
Impreso en Estados Unidos de América
1 2 3 4 5 6 • 22 21 20 19 18

Introducción

¡Felicidades por tu nueva relación con Jesucristo! Me llamo Jesse Campbell y salto de alegría por ti. Recuerdo cómo fue empezar mi caminar cristiano hace mucho tiempo y desearía haber tenido alguna clase que me sirviera de GPS. Espero que este libro pueda ser eso mismo para ti. Vamos a preparar el terreno para tu relación con Cristo.

Así que ¡eres cristiano! ¿Ahora qué? Ahora esto...

Nuestra primera semana será un curso intensivo sobre aspectos básicos, pero, después, necesitarás hacer tres señaladores con algún papel resistente. Te motivaré a escribir en estos señaladores como un ejercicio constante que te enseñará la disciplina de llevar un diario en la vida cristiana. Además, serán recuerdos geniales para ti de aquí a algunas décadas, cuando te pongas a pensar en estos primeros días de tu fe. El primero será tu Marcador de Mateo, ya que seguirá nuestro progreso por el libro de Mateo. El segundo será tu Hacha de Hechos y lo usarás mientras exploremos el libro de Hechos; el tercero será tu Volante Volador, ya que te llevará volando por la Biblia cada vez que lo uses.

Contenido

5

Estoy siempre contigo

—MATEO 28:18-20

Me llevó un momento procesar lo que acababa de suceder: mi amigo había sido salvo. Nunca antes me había animado a hablar así, y las palabras que salieron de mi boca parecían demasiado inteligentes y espirituales como para que se me hubieran ocurrido a mí. La última parte del pasaje de hoy me vino de inmediato a la mente: «Y tengan por seguro esto: que estoy con ustedes siempre, hasta el fin de los tiempos». Ahora que eres cristiano, es tiempo de obedecer el último mandamiento de Jesús. Hoy, nos encontramos con la Gran Comisión. *Lee el pasaje bíblico de hoy.*

Así que, ahora, a los discípulos se les instruyó ir y hacer otros discípulos. Aquellos que habían sido bautizados y que habían recibido enseñanza debían bautizar y enseñar a otros. (Por cierto, ¿ya te has bautizado?). ¡Esta Comisión es para ti también! Entonces, ¿eres cristiano? Perfecto; ahora ve a hacer más cristianos. Estoy aquí para enseñarte cómo hacerlo.

¿Cómo puedes empezar a compartir tu fe?

9

¿Te has bautizado?

–HECHOS 2:37-41

Esta mañana, ¡bauticé a once alumnos! De veras; con mi esposa y mis hijos, acabamos de llegar a casa de la iglesia, donde bauticé a once alumnos y luego Dios te puso a ti en mi corazón, así que vine directamente a mi computadora. ¿Ya te has bautizado? Si no lo hiciste, te estás perdiendo la primera respuesta a la pregunta: «Soy cristiano, ¿y ahora qué?». Ahora que eres cristiano, haz lo mismo que un grupo de mis alumnos más recientes y ¡bautízate! En Hechos 22:16, Pablo dice que Dios le preguntó: «¿Qué esperas? Levántate y bautízate». *Lee el pasaje bíblico de hoy.*

Ahora, pídeles a tus padres o tutores que se comuniquen por teléfono o por medio de una página web con una iglesia local donde se enseñe la Biblia para averiguar sus horarios de reuniones. Si te dieron este libro en una iglesia, supongo que entonces ya sabes a cuál llamar, ¿no? Habla con alguien de la iglesia para programar tu bautismo, ¡y luego avísales a tus amigos y familiares! Invitar a las personas a tu bautismo es una manera maravillosa de ministrar a los demás. Es la forma en que nos transformamos oficialmente en miembros de la iglesia, ¡y el texto de hoy (junto con Hech. 22:16) nos insta a hacerlo de inmediato!

Si ya te bautizaste, anota la fecha. Si no, escribe un plan para bautizarte pronto.

Un hábito peligroso

–HEBREOS 10:23-25

En el texto de ayer, vimos que Pedro le hablaba a una multitud sobre el Espíritu Santo. El Espíritu Santo es la Persona que recibimos al ser salvos y es una parte importantísima de la adoración. Adorar es glorificar a Dios, y la adoración colectiva, más específicamente, es glorificar a Dios junto con otros cristianos. *Lee el pasaje bíblico de hoy.*

Como marca el versículo 25 del pasaje de hoy, perderse el momento de adoración una y otra vez es un hábito peligroso. Tenemos que adorar con otros creyentes porque necesitamos recibir ánimo al adorar junto con ellos y, además, tenemos que hacerlo en la iglesia ¡para poder animar a los demás creyentes! Encuéntrate con el Espíritu Santo en forma habitual, como miembro fiel de una iglesia.

¿Qué significa para ti ser miembro fiel de una iglesia?

La Biblia está completa

–APOCALIPSIS 22:17-21

«He guardado tu palabra en mi corazón, para no pecar contra ti». Ese es el Salmo 119:11 en la Nueva Traducción Viviente de la Biblia. Piensa un momento en las palabras de Dios en tu propio corazón: Jesús en forma de palabra (Juan 1:1) en el centro de tu ser. Qué profundo, ¿no? La Biblia que usamos los evangélicos fue escrita por hombres tan imperfectos y terrenales como tú y yo gracias a la inspiración del Espíritu Santo de Dios. Cada palabra fue inspirada por Dios (2 Tim. 3:16) y cambia todo (Heb. 4:12). Busca las últimas palabras de la Biblia. *Lee el pasaje bíblico de hoy.*

Ahora que eres cristiano, debes entender plenamente la importancia de tu Biblia. ¡Es lo mejor que tienes! El texto de hoy es su garantía. ¡La Biblia está completa! Ahora que eres cristiano, deseo que la oración de tu corazón sea la última frase del versículo 20. Eso significa que anheles los planes de Dios, incluida Su segunda venida, más de lo que quieres los tuyos. No te levantes de tu asiento hasta que hayas orado diciendo: «¡Amén! ¡Ven, Señor Jesús!», con un corazón sometido con sinceridad a Dios.

Anota tu oración en que le pides a Jesús que regrese pronto.

_____

_____

_____

_____

_____

_____

_____

_____

_____

_____

_____

_____

La santificación

–ROMANOS 8:28-30

A medida que atravesamos estos 100 días juntos, podré contarte más sobre mi testimonio (mi historia como cristiano); pero, por ahora, te diré que mi esposa y yo conocemos el dolor y las dificultades. Tenemos un hijo llamado Aiden que murió y está en el cielo. Como dice el versículo 28 del pasaje de hoy, Dios usó incluso esa dificultad para hacer cosas buenas y hermosas. Más adelante en este libro, exploraremos los libros de Santiago y 1 Pedro, que enseñan sobre el sufrimiento. *Lee el pasaje bíblico de hoy.*

Este pasaje, en el versículo 30, nos presenta algo llamado «santificación». La santificación es el proceso mediante el cual Dios nos hace más parecidos a Él. Este proceso en que Dios va quitando nuestra naturaleza pecaminosa lleva toda la vida y, cuando estemos en el cielo, seremos glorificados con Cristo (vv. 29-30). Efesios 5:27 también habla de cómo nosotros, como Iglesia de Dios, seremos hechos santos y sin mancha. Dios siempre tuvo un plan para ti (v. 29): hacerte más parecido a Su Hijo Jesús. A medida que recorremos este camino de santificación que lleva toda la vida, nos arrepentimos constantemente del pecado.

16

Anota maneras en las que puedes intentar parecerte más a Jesús.

_____

_____

_____

_____

_____

_____

_____

_____

_____

_____

_____

_____

_____

La vida de oración

–1 TESALONICENSES 5:16-18

Ahora que eres cristiano, ¡tu vida de oración puede comenzar de verdad! Quizá todavía te resulten extraños algunos de los términos que usa la gente de tu iglesia que ya hace mucho que fue salva (o se hizo cristiana). Por ejemplo, «¿Cómo está tu vida de oración?» es una manera de preguntar cuán a menudo y con cuánta intensidad oras. También, «Estoy intentando encontrar la voluntad de Dios» significa que la persona está tratando de descubrir lo que Dios quiere que haga en determinada situación. El texto de hoy unifica estas dos ideas a la perfección. Estoy a punto de decirte algo que puedo afirmar con seguridad es la voluntad de Dios para tu vida, ¡y tiene que ver con la oración! *Lee el pasaje bíblico de hoy.*

¿Tienes que orar por las pequeñas cosas? ¡Sí! Efesios 6:18 dice que tenemos que orar «en todo momento y en toda ocasión». ¿Entonces tienes que orar incluso cuando no necesitas nada? Así es. El texto de hoy afirma que la voluntad de Dios es que «nunca» dejes de orar y que des gracias «en toda circunstancia». Desde este momento, vive tu día en un estado constante de oración, regocijándote y dando gracias a Dios por todo (vv. 16 y 18), y no digas «amén» hasta que te vayas a dormir esta noche.

Separa un tiempo todos los días para orar. Anota un horario y comprométete a respetarlo.

19

¿Tienes un llamado al ministerio?

–2 TIMOTEO 1:1-14

(¡El pasaje de hoy es el más largo hasta ahora! ¡Anímate!).

Hoy, soy pastor, autor y baterista profesional, pero toda mi adolescencia estaba absolutamente seguro de que sería ingeniero electrónico. Mientras vamos cerrando esta primera semana de curso acelerado sobre lo que sucede ahora que eres cristiano y nos preparamos para empezar nuestros ciclos de tres días, quiero presentarte una idea que puede parecerte tan confusa como la de un caramelo amargo. Quiero que pienses en la posibilidad de que, quizás, un día seas llamado a trabajar en el ministerio a tiempo completo. *Lee el pasaje bíblico de hoy.*

Ahora bien, todos somos llamados a ministrar de alguna u otra manera. En el pasaje de hoy, este muchacho llamado Timoteo recibió oración y la comisión (v. 6) de ser el pastor de una iglesia inmensa en la ciudad de Éfeso. ¿Quieres orar ahora por los detalles de la voluntad de Dios para tu vida? Ora para que Dios te guíe como guió a las personas del libro de Hechos, con el poder de Su Espíritu Santo. Gracias al Espíritu Santo, no tenemos por qué tener miedo del llamado de Dios para nuestras vidas. En cambio, ¡tenemos un espíritu de poder, de amor y de autodisciplina (v. 7)!

¿Cuál es tu llamado al ministerio?

El Sermón del monte

–MATEO 5:11-20

Recibirás un discipulado directo de Jesús a través del Evangelio de Mateo. ¿Sabías lo que significa la palabra *discipulado*? Significa que Jesús te enseñará a ser cristiano. El capítulo 5 de Mateo hasta gran parte del 7 contiene el famoso «Sermón del monte». Este es el sermón más maravilloso que se haya predicado jamás. *Lee el pasaje bíblico de hoy.*

En él, Jesús expone cuánto necesitamos de Su gracia, y esto es algo muy importante que todos los cristianos deben recordar. Cuando empezamos a pensar que tenemos las cosas claras y nos sentimos justos por nuestra propia cuenta (una justicia que nos da derecho a decirle a Dios cómo son las cosas), tenemos que repasar estas primeras secciones del Sermón del monte. El sermón comienza (vv. 1-10) con una lista de personas que tienen la bendición de una alegría que sobrepasa cualquier circunstancia. Ve a leerlo y observa cuántos de estos versículos te describen. Además, coloca un señalador en este pasaje de tu Biblia, al que llamaremos Marcador de Mateo.

22

Anota todo lo que te describe de Mateo 5.

¿Qué está pasando?

–HECHOS 1:8-11

Algunos libros de la Biblia son históricos: nos cuentan lo que sucedió. Los libros apocalípticos relatan lo que sucederá. Sin embargo, este libro de la Biblia nos dice lo que está pasando. Empieza inmediatamente después de los sucesos de los Evangelios, cuando el Jesús resucitado regresa al cielo. Los discípulos se preguntaron: «Bueno, somos cristianos... ¿ahora qué?». El libro de Hechos es su respuesta *en curso*. Hoy, empezamos a estudiar Hechos. Mientras vayamos saltando por sus versículos, necesitarás un buen señalador, al que llamaremos tu Hacha de Hechos, así como necesitarás un señalador para estudiar los pasajes del libro de Mateo. A ese señalador, lo llamaremos Marcador de Mateo. Realiza estos señaladores de un buen tamaño y elige una clase de papel sobre la cual puedas hacer tus anotaciones personales diarias. *Lee el pasaje bíblico de hoy.*

La presencia de Dios en la Tierra empezó con Dios el Padre en el jardín del Edén (y luego en el monte Sinaí). Él estaba en la nube que guiaba a los israelitas, habitaba en el arca del pacto, nació físicamente en Jesús y ahora está entre nosotros como el Espíritu Santo, desde el Pentecostés de Jesús. ¿Ahora qué, cristiano? Ahora, el Espíritu Santo está sobre tu vida.

¿Qué significa tener al Espíritu Santo en tu vida?

Un gorila musculoso

–ÉXODO 14:19-22

A partir de ahora, cada tres devocionales que hagamos, lo que veamos estará tomado de pasajes bíblicos de diferentes partes de la Biblia, pero que avanzan en el orden de aparición en las Escrituras. Como resultado de tanto pasar páginas cada tres semanas, te transformarás en una especie de ninja que puede encontrar cualquier pasaje al instante. Tener la capacidad de desplazarte por la Biblia de esta manera te hace sentir como un gorila musculoso y velludo. Te aseguro que elegí estos pasajes de manera estratégica y en oración, para que valgan la pena las idas y venidas por la Biblia. Ahora, te pido que hagas un tercer señalador sobre el que puedas escribir. A este lo llamaremos nuestro Volante Volador, porque es un volante de papel que vuela por la Biblia. *Lee el pasaje bíblico de hoy.*

Según 1 Corintios 10:2, este pasaje describe cómo se bautizó la nación de Israel en el Antiguo Testamento. El bautismo tiene raíces que se remontan a Éxodo. Dios siempre tuvo el bautismo en mente. Lo vemos en el diluvio (1 Ped. 3:18-22), en el mar Rojo (el pasaje de hoy) y en el río Jordán (Jos. 3). ¿Te das cuenta de lo importante que es el bautismo para Dios? Si todavía no lo hiciste, ¡programa hoy tu bautismo!

26

¿Por qué crees que es importante bautizarse?

27

Al estilo de un agente secreto

–MATEO 6:1-4

Hoy, alguien dejó un sobre para mí con $500 y una tarjeta que decía: «¡Gracias por todo lo que haces!». ¡Esta fue una bendición tremenda para mí! Ahora, según el texto de hoy, la persona que dejó el sobre para mí también tiene una bendición especial de parte de Dios porque él (la letra tiene algunas características bastante masculinas) ofrendó al estilo de un agente secreto. *Lee el pasaje bíblico de hoy.*

Para Dios, es muy importante que los cristianos seamos generosos, pero también es importante que ofrendemos *de cierta manera*. No tiene sentido que ofrendemos a alguien necesitado y luego lo publiquemos en Internet para que todo el mundo nos felicite por nuestra generosidad. Si hacemos eso, Dios no nos bendecirá, porque estamos adjudicándonos la gloria (v. 2). Tenemos que ofrendar porque el amor fluye de nuestro corazón. En los versículos 19-21, veremos que la manera en que gastamos el dinero muestra en dónde está nuestro corazón, y que acumular tesoros en la Tierra no tiene sentido respecto a hacer tesoros en el cielo. Ahora bien, quiero que hoy le hagas un regalo a alguien en secreto y lo anotes en tu Marcador de Mateo.

28

¿A quién decidiste hacerle un regalo y por qué?

Un milagro poderoso

–HECHOS 2:1-13

Lee el pasaje bíblico de hoy. Este es el primero de siete derramamientos del Espíritu Santo en el libro de Hechos y tuvo un propósito especial. Como no todos hablaban el mismo idioma, este milagro quitó la maldición de la torre de Babel, en la que se confundieron los idiomas del hombre, y permitió que el evangelio franqueara las barreras lingüísticas. Aunque las cuerdas vocales, la lengua, los dientes y los labios de un hombre se movían para hablar en un idioma, ¡el extranjero al que le hablaba escuchaba su propio idioma! Este poderoso milagro fue un salto inmenso para comunicar el evangelio, pero también fue un milagro del Espíritu Santo (podemos imaginarnos el sonido del viento del versículo 2 y las llamas del versículo 3) que convenció a miles de espectadores (vv. 7-12 y 1 Cor. 14:22). La mayoría de los derramamientos del Espíritu Santo en el libro de Hechos no incluyen el don de lenguas; y Pablo dio instrucciones claras al respecto en 1 Corintios 14, para que sepamos que no hace falta tener una experiencia exactamente igual a esta para ser salvo, sino que la salvación y tener el Espíritu Santo son cosas que van de la mano (Rom. 8:5-11).

¿Qué va de la mano con el Espíritu Santo?

Cómo matar nuestro pecado

–JOSUÉ 3:15-17

Lee el pasaje bíblico de hoy. Espero que entiendas lo hermoso que es el bautismo. Lo que acabamos de leer no solo es una enseñanza maravillosa sobre cómo Dios nos lleva en Sus brazos a través de situaciones abrumadoras (ver nuestros próximos estudios sobre Santiago y 1 Pedro) hasta el otro lado en donde tiene un plan para nosotros, sino que también es otro anuncio del bautismo en el Antiguo Testamento. En este pasaje, es el turno de Josué de guiar a los israelitas a través de lo que leímos en nuestro último pasaje del Volante Volador.

Juan el Bautista bautizaba a las personas para que se arrepintieran de sus pecados como preparación para la llegada de Jesús. Después, ¡bautizó a Jesús (Mat. 3)! En Romanos 6:1-11, un pasaje que los pastores suelen usar cuando bautizan, Pablo explica que el bautismo es nuestra forma de participar del entierro de Cristo después de la crucifixión. Hacemos morir nuestro pecado y ya no vivimos más en él. Después, somos levantados para caminar en una nueva vida, al participar de la resurrección de Cristo. Eso es lo que se representa cuando alguien sale del agua del bautismo: ¡participa de la resurrección de Jesús!

¿Qué representa el bautismo?

El ayuno y la oración

–MATEO 6:9-18

Preparados, listos, ¡y de vuelta al Evangelio de Mateo! A través de estos pasajes, Jesús nos discípula. Hoy, nos enseñará a practicar dos disciplinas. En los versículos 9-15, nos mostrará una oración que podemos usar como modelo para nuestras propias oraciones y luego nos enseñará a ayunar, que significa (en este caso) decidir no comer por razones espirituales. *Lee el pasaje bíblico de hoy.*

El ayuno y la oración van juntos porque solemos ayunar con un propósito específico y motivado por la oración. Cada vez que tu estómago gruñe, oras por lo que te llevó a ayunar. Cuando oras, empiezas alabando a Dios (v. 9) y eso coloca todo lo demás en perspectiva, incluso el resto de tu oración. Después, te sometes a Dios (v. 10); pides Su provisión, como hicieron los israelitas en el desierto (v. 11); y le ruegas que te libre de la tentación y el mal (v. 13). Ahora es momento de probar esta maravillosa disciplina antigua de nuestra fe, que tantos hombres increíbles practicaron para Dios durante muchísimos años. Con el permiso e incluso la participación de tus padres, ayuna varias horas y bebe solamente agua.

¿Cuáles son tus pedidos de oración mientras ayunas?

_____

_____

_____

_____

_____

_____

_____

_____

_____

_____

_____

_____

Levantarse como Pedro

–HECHOS 2:14-15

Una vez, di un curso titulado «Orígenes», que destacaba los milagros del libro de Hechos. *Lee el pasaje bíblico de hoy.*

¡Ah! Me encanta este pasaje. Ahora bien, para apreciar plenamente la importancia de que Pedro se pusiera de pie y le hablara a la multitud, debes entender su historia. Pedro prometió permanecer junto a Jesús hasta la muerte; pero, cuando la crucifixión se puso en marcha, huyó y terminó jurando tres veces que ni siquiera conocía al Señor. Fue humillante, y Jesús había profetizado que sucedería. Así que Pedro defraudó a Jesús cuando las cosas se pusieron difíciles. Hablaremos más sobre eso en el día 28. (Está bien. Ve y echa un vistazo. No se lo diré a nadie). Sin embargo, ¡hoy vemos a un Pedro completamente transformado! Pasó de acobardarse ante las acusaciones de una joven sierva y llorar por eso (Mat. 26:69-75) a levantar la voz ante una multitud y llevar a miles de personas a Cristo (vv. 14 y 41). En tu señalador Hacha de Hechos, anota lo que significaría para ti levantarte ante una multitud como hizo Pedro en el texto de hoy.

¿Qué significaría para ti levantarte ante una multitud?

Ser fuerte y valiente

–JOSUÉ 1:5-9

En mi oficina, hay una espada colgada sobre la pared. Lo digo en serio. Tiene una cruz antigua en el mango. Mi papá me la regaló el día que me nombraron pastor y me comisionaron para el ministerio. Fue una cima genial en mi travesía por la hombría... Además, vendrá bien si algunos ninjas malvados irrumpen por la ventana de la oficina. Ahora que eres cristiano, es hora de que te dejes cautivar por la visión de ti mismo como un hombre cristiano. Josué era un maravilloso hombre de Dios. *Lee el pasaje bíblico de hoy.*

En mi libro *365 Devos for Teen Guys* [365 devocionales para adolescentes], vemos este tema en profundidad, pero el pasaje de hoy nos da una buena introducción. A Josué se le dijo muchas veces que fuera fuerte y valiente. Al igual que en mi ceremonia de ordenación, donde recibí la espada de parte de mi papá, Josué recibió esta poderosa unción de Dios para seguir adelante con la obra de Moisés. Se le dijo muchas veces que fuera fuerte y valiente y, ahora, ¡yo te digo que seas fuerte y valiente porque Dios está contigo dondequiera que vayas (v. 9)!

¿Qué puedes hacer para ser fuerte y valiente?

_____

_____

_____

_____

_____

_____

_____

_____

_____

_____

_____

_____

Ya basta

–MATEO 6:24-34

No te preocupes. Te estás preocupando, hermano. Ya basta. Relájate. Dios siempre es bueno, incluso cuando la vida no da tregua. Él te va a ayudar a atravesar esta situación. No te obsesiones con el dinero y las posesiones materiales, ni dejes que la falta de estas cosas te estrese. No tengas miedo de lo que traerá el mañana. Concéntrate en el presente. Ahora, *lee el pasaje bíblico de hoy.*

¿Acaso no sabes cuánto vales para Dios? Búscalo primero sobre todas las cosas y todo lo demás llegará a su momento (v. 33). Filipenses 4:6-7 nos insta a no preocuparnos por nada, sino a presentarle a Dios todo lo que necesitamos con un corazón agradecido y, entonces, la paz de Dios que sobrepasa todo entendimiento guardará nuestro corazón y nuestra mente en Cristo Jesús. Esta será una lucha constante ahora que eres cristiano; pero, si Cristo es una prioridad constante en tu vida, este pasaje te ayudará a recordar cuánto más grande es Dios que lo que te preocupa. En tu Marcador de Mateo, anota este pacto para tu «yo» del futuro: «Pondré a Dios en primer lugar y, así, no me preocuparé tanto». Ahora, escucha y canta la canción de Marcos Vidal «Cara a cara».

Escribe el estribillo de la canción «Cara a cara».

18

Caminando y saltando

–HECHOS 3:19

Después de que Pedro predicó ese mensaje en Pentecostés y el Espíritu Santo descendió con poder, él y Juan sanaron a un hombre en el nombre de Jesucristo de Nazaret (la ciudad donde creció Jesús después de nacer en Belén y quedarse un tiempo en Egipto). El hombre pasó de no poder moverse a estar «caminando, saltando y alabando a Dios» (v. 8). Por supuesto, esto causó un gran revuelo, y el pasaje de hoy viene de la respuesta de Pedro a la multitud incrédula que lo observa. *Lee el pasaje bíblico de hoy.*

¿Estás en un momento de sequía en tu caminar con Dios? ¿Acaso se está empezando a gastar lo «nuevo» de tu fe? No hay problema. Es algo que sucede, y poder permanecer en tu fe en Jesús (incluso si no tienes ganas) es parte de madurar. Las palabras de Pedro a estos no creyentes son igual de válidas para los creyentes cuyo caminar con Dios se ha secado. ¡Arrepiéntete del pecado y vuelve a Dios, para que venga un tiempo de renuevo de Su parte! En tu Hacha de Hechos, anota una palabra clave que represente un pecado que te haya estado dando problemas. Arrepiéntete y sé renovado.

42

¿Cuál es tu palabra clave? Ora y pídele ayuda al Señor.

_____

_____

_____

_____

_____

_____

_____

_____

_____

_____

_____

_____

19

Embarrarse en el pozo

–1 SAMUEL 17:31-51

¿Te arrepentiste de ese pecado? ¿Experimentaste el renuevo espiritual que trae el arrepentimiento? Es como bañarse después de una pelea en el barro. Con mis alumnos, hace poco hicimos una pelea épica en el barro. Los chicos iban y venían entre embarrarse en el pozo y lavarse en un tobogán de agua gigante. Fue una actividad ideal para ilustrar una enseñanza y quedar cubiertos hasta las orejas de su mensaje. *Lee el pasaje bíblico de hoy.*

Después de 40 días de escuchar cómo Goliat se burlaba del ejército del Dios viviente, el pequeño David se cansó. ¡Era muy valiente! Se enfrentó a este gigante en el nombre de Yahvéh (Dios) y lo hizo para que los que miraban supieran quién era Dios (vv. 45-47). David era un hombre con un poder dado por Dios, y eso es lo que quiero que seas. Quiero que mires a los gigantes de tu vida y recuerdes que tu Dios es más grande. Al igual que David, quiero que seas la clase de hombre que no solo se enfrente al gigante, sino a toda la multitud de aduladores detrás de él. Que ningún gigante o multitud (me refiero a tus compañeros de clase o de equipo, vecinos o incluso amigos) te intimide. Vive tu fe en forma pública.

¿Cómo puedes poner en práctica tu fe?

_____

_____

_____

_____

_____

_____

_____

_____

_____

_____

_____

_____

_____

Traigan la cosecha

–MATEO 9:35-38

Lee el pasaje bíblico de hoy. ¿Viste lo que sintió Jesús cuando vio a la multitud de personas que se perdían? ¿Observaste cómo mira a los perdidos y siente compasión por ellos? Que eso te enseñe mucho sobre la naturaleza de Dios; que te revele una parte de Su corazón. Lo mismo siente Jesús por las personas perdidas de tu vida. Las mira y ve sus enfermedades (v. 35). Ve su cansancio y su falta total de guía (v. 36). Fuera de la cosmovisión cristiana, no hay ningún sentido sólido de moralidad. A veces, es difícil distinguir lo bueno de lo malo y es imposible encontrarle un verdadero sentido y propósito eterno a la vida. Mi amigo cristiano, la mayor parte de la raza humana está en esa situación. La mayoría está perdida y no hay suficientes creyentes que trabajen en la mies. ¡Que puedas ser un obrero que evangelice y lleve mucho fruto!

Ahora mismo, ¡escribe un compromiso en tu Marcador de Mateo de que serás un obrero en esta abundante cosecha! Incluye la fecha de hoy. Cuando lo hagas, ten en cuenta que, más adelante, te pediré que vuelvas a mirar tu compromiso para ver si lo cumpliste.

¿Cuál es tu compromiso para ayudar como obrero en la cosecha?

_____

_____

_____

_____

_____

_____

_____

_____

_____

_____

_____

_____

_____

Declara tu identidad

–HECHOS 4:1-4

¿Qué pasa si te equivocas y todo sale mal? Por ejemplo, ¿qué sucede si te animas a predicar el evangelio y cuentas tu testimonio de manera pública y sonora para Cristo, y luego metes la pata de manera fenomenal? ¿Y si te lanzas y declaras a viva voz tu identidad como cristiano y, allí mismo en público y con todos los perdidos que te miran, las cosas no salen según tus planes y fracasas? En el texto de hoy, Pedro y Juan estaban enseñándoles a las personas que Jesús resucitó de los muertos y los arrestaron. Los encerraron. Fin del juego. Vuelvan a casa. Ya no hay más esperanza, ¿no? No. *Lee el pasaje bíblico de hoy.*

¡Mira eso! Creo que ir a la cárcel injustamente es una de las peores situaciones posibles, y eso es justo lo que sucedió aquí; sin embargo, a pesar de ello, ¡5000 personas se salvaron! Lo mismo pasó cuando Pedro se equivocó y perdió la fe al caminar sobre el agua hacia Jesús. ¡Los que estaban mirando desde el barco se salvaron igual!

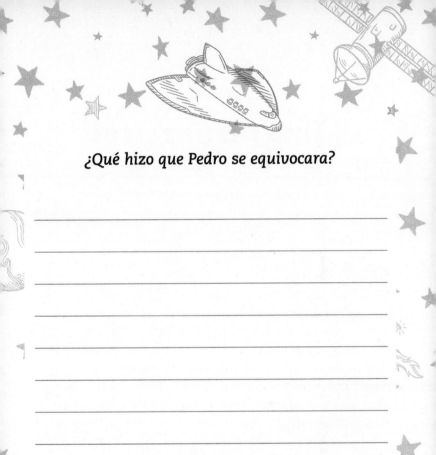

¿Qué hizo que Pedro se equivocara?

49

Una visión en el horizonte

–CANTAR DE LOS CANTARES 1:15-17

Hoy voy a presentarte un libro verdaderamente único en la Biblia. Es una conversación entre Salomón y su esposa, e incluye opiniones de sus amigos. *Lee el pasaje bíblico de hoy.*

Este hombre sabía cómo hablarle a una mujer. No se podría esperar nada menos de él, ya que Dios le regaló una sabiduría superior (1 Rey. 3:13). Mira cómo la esposa refleja los sentimientos de su marido en el versículo 16. Quiero que pienses en el matrimonio y que, en el horizonte, imagines un día en tu vida en que tu esposa te hable como esta mujer le hablaba a Salomón: con admiración y respeto. Hoy, quiero que trates a todas las mujeres con especial respeto. No dejes silla sin correr o puerta sin abrir cuando se acerque una mujer. En tu Volante Volador, anota que tendrás en cuenta el matrimonio en tu trato con las mujeres.

¿De qué maneras puedes ser respetuoso con las chicas y las mujeres?

23

Un cristiano ingenuo

–MATEO 10:1-16

Lee el pasaje bíblico de hoy. Memoriza el versículo 16. Jesús les dijo a los discípulos que los pondría en peligro. ¿Sabías que, al fin de cuentas, la voluntad de Dios no es el lugar más seguro donde puedes estar? ¿Sabías que no es bueno ser un cristiano ingenuo y despistado? Como cristiano, has sido enviado como una oveja en medio de lobos. Colosenses 4:5 nos manda: «Vivan sabiamente entre los que no creen en Cristo y aprovechen al máximo cada oportunidad». Las personas que rechazan el evangelio te rechazarán y te superarán en número. Esta es la voluntad de Dios para muchos de ustedes. Muchas veces, suceden estas cosas cuando se cumple la Gran Comisión.

Jesús les dice a los apóstoles (los enviados) que las ciudades que rechacen su mensaje sufrirán las consecuencias (Mat. 10:15). Los que rechazan el evangelio tendrán que dar cuenta ante Dios de ello. Hay mucho en juego y la oposición puede ser despiadada, así que sé sabio. Conoce cómo te perciben los demás. Debes saber cuándo alguien está simplemente intentando provocarte y no pierdas el tiempo arrojando «tus perlas a los cerdos» (Mat. 7:6), sino sé astuto como una serpiente, pero mantén tu integridad intacta.

¿Qué puedes hacer para mantener tu integridad intacta?

_____

_____

_____

_____

_____

_____

_____

_____

_____

_____

_____

_____

La Gran Comisión

–HECHOS 4:23-31

Después de que los liberaron de la prisión, Pedro y Juan oraron a Dios para pedir audacia y volvieron al ruedo, evangelizando aún más. Su oración siempre recibiría una respuesta afirmativa de parte de Dios. Automáticamente, oraron de acuerdo a la voluntad de Dios, porque le pidieron valentía para llevar a cabo la Gran Comisión y, sin duda, ¡la Gran Comisión es la voluntad de Dios porque Él mismo la encomendó! *Lee el pasaje bíblico de hoy.*

En oración, Pedro y Juan le presentaron a Dios las amenazas que habían enfrentado. ¿Harías lo mismo? Entonces, ora pidiendo audacia. ¿Estás dispuesto a hacerlo ahora? Después de esta oración, ¡el lugar donde estaban fue sacudido desde los cimientos! Fueron llenos del Espíritu Santo y, cada vez que las personas son llenas del Espíritu Santo en el libro de Hechos, algo *increíble* sucede. La historia no dice nada como: «fueron llenos del Espíritu Santo y se pusieron a jugar al Scrabble, y Pedro ganó 72 puntos con la palabra *hongo*». En absoluto. Antes de los milagros de Hechos, ¡los apóstoles siempre oraban, adoraban y eran llenos del Espíritu Santo! Dale gracias a Dios y pídele la valentía de proclamar la verdad, así como la guía del Espíritu Santo (ver Luc. 11:13 y Col. 4:2-4).

54

Escribe una oración de gracias a Dios.

El megalodón

–PROVERBIOS 1:1-7

Ya conocimos a Salomón, a quien Dios le dio una sabiduría superior, y veremos cómo esa sabiduría de lo alto se aplica directamente a tu vida, ahora mismo. Los libros de Salmos y Proverbios se llaman libros de «sabiduría y poesía». ¡Proverbios está escrito específicamente para jóvenes como tú! Salomón escribió la mayoría y, en mi libro *365 Devos for Teen Guys*, abordamos cada uno de ellos. *Lee el pasaje bíblico de hoy.*

El hombre con sabiduría superior nos dice exactamente dónde comienza la sabiduría. Empieza temiendo al Señor (v. 7). Ahora, este no es el temor que tengo de que todavía exista el tiburón tamaño autobús llamado *megalodón*, el miedo de que sepa quién soy y me venga a buscar cuando voy a surfear. Es temor en el sentido de que entiendes que Dios es todopoderoso, perfectamente santo y maravillosamente peligroso. Tiene muchísimo sentido, porque toda la sabiduría del mundo fluye de este principio. Como dice Salomón, es el primer paso. Esto es lo que llamamos *cosmovisión*. Los ateos (las personas que no creen en Dios) no tienen el primer paso. Sin embargo, nosotros sabemos de dónde viene el universo, y así empieza nuestra sabiduría.

¿Cuál es el primer paso para obtener sabiduría?

Hablando de repetición

–MATEO 10:16-20

Nunca olvidaré la primera vez que debatí con un ateo. Era mucho más inteligente que yo y sabía defender su postura mejor que yo. Aun así, Dios usó lo poco que yo sabía para dejar una huella indeleble en él (algo casi insólito). Ahora que eres cristiano, tienes al Espíritu Santo de Dios en ti. *Lee el pasaje bíblico de hoy.*

Sé que este pasaje se superpone con nuestro último vistazo al Evangelio de Mateo, pero el versículo 16 es tan importante para ti ahora que vale la pena repetirlo incluso más que estas dos veces. Hablando de repetición (hablando de repetición), ¡vuelve a leer el versículo 20! ¡Vaya! El Espíritu Santo de nuestro Padre celestial nos da palabras cuando les hablamos a los que se nos oponen (v. 19). Eso explica por qué he visto a hombres más inteligentes que yo quedarse en silencio ante lo que les respondí o pregunté: el Espíritu Santo me dio sabiduría en esos momentos. Alumno querido, cobra ánimo porque has recibido poder, ¡el poder del Espíritu Santo que habla a través de los cristianos en tiempos de necesidad! Ahora, escribe lo que haya en tu corazón en tu Marcador de Mateo. Quizás lo necesites más adelante.

58

¿Qué tienes hoy en el corazón?

Los diezmos

–HECHOS 5:1-16

Vas a diezmar. Sí, tú. Este fin de semana, llevarás una «donación» a tu iglesia y, al hacerlo, experimentarás el poder de probar que tu corazón está alineado con las cosas de Dios (Luc. 12:34). Al dar incluso una parte de tu tesoro al Señor, tu corazón muestra que le pertenece a Dios. Si ofrendas con un corazón agradecido y alegre (2 Cor. 9:7), quizás experimentes una nueva manera de adorar al Señor. Que el corazón de los mentirosos se llene de miedo mientras *lees el pasaje bíblico de hoy*.

Sin duda, no es suficiente dar algo a la iglesia (te sorprendería y entristecería saber cuántos cristianos no ofrendan *nada*), sino que también debes ofrendar de corazón. Ahora, observa el grado de temor (vv. 11 y 13) que había en la incipiente iglesia original del Nuevo Testamento. Preferimos solamente leer Hechos 2 y ver, en esencia, una comunidad en la que todos compartían lo que tenían y exclamar: «¡Qué hermosa época de unicornios y mariposas!», pero también fue una época marcada por el temor, en la cual las personas pecaminosas conocieron a su Dios santo. Este fin de semana, ofrenda de corazón.

60

¿Qué significa ofrendar de corazón para ti?

_____

_____

_____

_____

_____

_____

_____

_____

_____

_____

_____

_____

_____

Los cimientos de la Iglesia inconquistable

–JUAN 21:15-19

Ahora que eres cristiano, es hora de dar. ¿Ofrendaste o planeaste ofrendar de corazón al recibir el desafío de ayer? Jesús le dijo a Pedro que su confesión de fe sería el cimiento para la Iglesia inconquistable de Dios (Mat. 16:18). Tres veces, Pedro negó públicamente que conocía a Jesús durante el juicio del Señor, tal como Él había profetizado (Mat. 26:74-75), y ahora nos preguntamos qué le dijo el Jesús resucitado a Pedro. La respuesta está en un pasaje que tal vez parezca un poco descolgado. *Lee el texto de hoy para descubrirla.*

A veces, como cristiano, defraudarás a Cristo. Sin embargo, mira la manera directa, perfecta e incluso dolorosa en que Jesús le ministró sanidad a Pedro en este texto. ¡Qué Dios tan misericordioso es el que amamos! Incluso después de nuestros errores, ¡nos restaura y nos sana! Si Dios usó a Pedro para llevar a 3000 personas a Cristo (Hech. 2:41), aun después de que Pedro lo abandonó por completo (Mat. 26:69-75), imagina lo que Dios puede hacer a través de ti. Incluso después de períodos de duda, ¡Dios puede usarte para lograr cosas poderosas y cambiar la vida de los demás!

¿Qué cosas poderosas puedes hacer?

Descansa

–MATEO 12:1-8

Lee el pasaje bíblico de hoy. Fuimos programados con el ritmo que Dios tuvo al crear el mundo. Sí, creo en la creación en siete días de Génesis. Esta necesidad innata de descanso al séptimo día resonó en los Diez Mandamientos y hace eco hasta el día de hoy. Creo que el cuarto mandamiento de Dios (Ex. 20:8) de descansar al séptimo día todavía sigue vigente; pero, en las epístolas (cartas) del Nuevo Testamento, veo que el día en el que uno descansa para honrar a Dios (Mar. 2:27) depende de las convicciones personales (Col. 2:16-17). Por lo tanto, si estás trabajando por el ministerio el día de descanso, toma otro día para descansar. Jesús ministraba y sanaba el día de reposo, pero también era el Señor del día de reposo (Mat. 12:8).

Quiero que busques y escuches una canción de una cantante. Cristiano: medita en «Descansaré en ti» de Marcos Vidal y adora en el día de descanso.

¿Cómo descansarás el día de descanso?

_____

_____

_____

_____

_____

_____

_____

_____

_____

_____

_____

_____

El discipulado personal

–HECHOS 5:17-21

De todos los ateos que he visto salvarse por el poder del Espíritu Santo, uno particularmente especial en mi corazón asistió a mi ministerio en forma habitual durante alrededor de un año antes de ser salvo. Después de una época de discipulado personal, ¡este *ex*ateo fue llamado por Dios para el ministerio! En parte, esto sucedió gracias al llamado de Dios a mi corazón de hablar sobre mi vida. La época más fructífera de mi vida en el ámbito evangelístico llegó cuando compartí con la iglesia y el mundo la historia sobre nuestro hijo Aiden y la oración por algo imposible. Aumentó aún más después de que hablé abiertamente sobre mi dolor luego de su muerte. En medio de esto, le hablaba al mundo sobre esta vida de caminar con Cristo, decidido a confiar en Él pase lo que pase. *Lee el pasaje bíblico de hoy.*

Los líderes judíos, que afirmaban hacer la voluntad de Dios, pero no creían en Su Hijo Jesús, intentaron callar a los apóstoles, pero ellos siguieron enseñando sobre su vida con Cristo y las personas siguieron acercándose a Él. En tu Hacha de Hechos, ¡anota tu compromiso de hablarles a los demás sobre la vida con Cristo!

¿Cuál es tu compromiso de hablarles a los demás sobre Cristo?

_____

_____

_____

_____

_____

_____

_____

_____

_____

_____

_____

_____

_____

31

Un encuentro con Dios

–ROMANOS 1:1-25

Hoy, leeremos del primer capítulo de uno de los libros con más profundidad teológica (la *teología* es el estudio de Dios) de la Biblia, a la altura de Efesios y Apocalipsis. Si comprendes este capítulo inicial, junto con el próximo que veremos, cambiarán tu vida para siempre. ¿Alguna vez te preguntaste qué sucede con esa persona que nunca escucha el evangelio de Jesús y luego pasa la eternidad lejos de Dios? *Lee el pasaje bíblico de hoy.*

Según los versículos 18-20, todas las personas en este planeta, hasta cierto punto, han percibido la existencia de Dios en la naturaleza. Por lo tanto, nadie tendrá excusa ante Dios el día del juicio (v. 20). Una vez que la conciencia revela la verdad de Dios a las personas, el corazón puede ser engañado, como el representado por el camino en la parábola de Jesús en Mateo 13:4,7; puede endurecerse, como el corazón que describe Mateo 13:5-6; o recibir la verdad, como el corazón que describe Mateo 13:8. ¿Sabías que la palabra *conciencia* viene de la combinación de *con* y *ciencia* (o conocimiento)? Entonces, ¡todos *conocemos* la ley de Dios, pero la quebrantamos igual!

68

¿Qué excusas usas en tu vida cotidiana?

En serio, ¡hazlo!

-MATEO 12:22-32

Bueno, este pasaje será difícil, ¡pero sé que estás a la altura del desafío! Haz algunos estiramientos, unas flexiones, y mira al espejo con el ceño fruncido y gruñe. En serio, hazlo. ¿Ya está? Bueno, voy a definir dos palabras con «b», para que las entiendas cuando las veas. «Beelzebú», que aparece en otras versiones de la Biblia, es otro nombre para Satanás. «Blasfemia» es detestar al Espíritu Santo y decir que es maligno. ¡Ya lo tienes! ¿Listo? *¡Lee el pasaje bíblico de hoy!*

¡Uf! ¿Estás bien? El pecado que no tiene perdón, porque la persona que lo comete no se arrepiente, es la blasfemia. La persona que blasfema no es salva y no se salvará. Esta persona tiene algunas convicciones desastrosas y el corazón endurecido, como los falsos maestros de 1 Timoteo 4:2. Aunque quizás no busques los pasajes que aparecen entre paréntesis, quiero que busques Hechos 7:51, donde Esteban le dice a la multitud enfurecida que está por matarlo (en serio) que ellos y sus ancestros siempre se resistieron al Espíritu Santo. Al empezar a analizar Romanos, esta capacidad del hombre, así como los casos que registra la Biblia, son importantes.

70

Anota tus pensamientos sobre el pasaje bíblico de hoy.

Todavía hay esperanza

–HECHOS 5:33-42

Pablo, que antes se llamaba «Saulo», fue alumno y discípulo de uno de los maestros más famosos de la comunidad judía. (A los maestros judíos se los llama «rabís»). El maestro de Pablo se llamaba Gamaliel, uno de los rabís más ancianos y respetados de su época (v. 34). Era uno de esos hombres de pocas palabras, pero que, cuando hablaba, todos los demás hombres brillantes y exitosos de la habitación callaban de inmediato. Pablo, incluso luego de convertirse (lo cual todavía no vimos), estaba orgulloso de haber sido el alumno privado de Gamaliel (Hech. 22:3). *Lee el pasaje bíblico de hoy.*

Aunque en la Biblia no vemos que Gamaliel se haya hecho cristiano, en este pasaje, tenía razón. Probablemente haya creído en Jesús más adelante y se haya transformado en un judío mesiánico, un creyente que practica algunas tradiciones judías. Esa persona de tu vida que parece estar demasiado lejos de Cristo, como Gamaliel, ¡todavía tiene esperanzas de salvarse!

¿Qué es un judío mesiánico?

La evangelización es necesaria

–ROMANOS 10:10-17

Vaya, qué pasaje tan importante. De veras, si solo lees un devocional de este libro, espero que sea este. *Lee el pasaje bíblico de hoy.*

Lee estas palabras con cuidado: la evangelización es necesaria. Esto tiene algunas repercusiones transformadoras. Algunos cristianos quedan perplejos e incluso se estremecen hasta la médula de su fe débil al escuchar la pregunta «¿Cómo puede Dios permitir que alguien que nunca escuchó el evangelio se vaya al infierno?». Sin embargo, entenderás este pasaje y eso te cambiará la vida. *Como las personas necesitan escuchar el evangelio para salvarse (vv. 14-17), el propósito de tu vida tiene que ser predicar el evangelio.* ¿Qué podría ser más importante? Puedes leer este pasaje y sentirte abrumado ¡o puedes leerlo y transformarlo en el propósito de tu vida!

¿Cómo puedes compartir el evangelio con tus amigos?

75

35

¿Muerto o vivo?

–MATEO 12:33-37

Hoy, tuve noticias de un exalumno que estaba profundamente dolido por una conducta pecaminosa de un amigo que afirmaba ser cristiano. Miramos el fruto de su vida y no vimos el fruto de un cristiano. Si ves un árbol lleno de higos, se trata de una higuera. Si la vida de una persona está llena de fruto cristiano, entonces es un cristiano. Si tiene una vida llena de pecado y mundanalidad, lo más probable es que esa persona no sea salva. *Lee el pasaje bíblico de hoy.*

Entonces, ¿qué clase de fruto fluye de tu vida? ¿Es un fruto cristiano? El fruto de tu vida es un indicador de lo que hay en tu corazón. Entonces, ¿estás diezmando en tu iglesia (Mat. 6:21)? ¿Estás llevando el fruto que viene del Espíritu Santo (Gál. 5:22-25)? En tu Marcador de Mateo, anota que serás un inspector de fruto. Comenzarás inspeccionando el fruto de tu propia vida y, a partir de la presencia o ausencia de ese fruto, verás cómo está tu vida cristiana. ¿Estás muerto o vivo? ¿Eres salvo o estás perdido?

¿Qué clase de fruto estás dando?

Volvamos a lo esencial

–HECHOS 6:1-7

Entonces, inspector de fruto, ¿a qué conclusión llegó tu investigación? Si el resultado fue negativo o inconcluso, vuelve a lo esencial del evangelio y determina ahora si Jesús es el Señor de tu vida. Si crees en tu corazón que Dios lo levantó de los muertos y lo has transformado en el Señor de tu vida, serás salvo (Rom. 10:9); pero, si no lo has hecho, estás en peligro de ser un «cristiano» como los de Mateo 7:21-23. *Lee el pasaje bíblico de hoy.*

No es responsabilidad de tu pastor hacer la obra del ministerio. Sí, sí, ya sé que, para alguien que asiste a una iglesia estancada de un tamaño relativamente pequeño a moderado, esto puede parecerle una locura, pero es lo que la Biblia enseña. La tarea del pastor no es *hacer la obra, sino prepararte a TI para que hagas la obra del ministerio* (Ef. 4:11-12). Si tu pastor hace todo el trabajo, entonces hay una sola persona que hace todo. Si las personas de tu iglesia hacen la obra bajo la guía de tu pastor, ¡el ministerio de tu pastor *se multiplica por la cantidad de personas que asisten a tu iglesia!* ¿Qué modelo de iglesia te parece más bíblico y, por lo tanto, más eficaz?

¿Qué modelo de iglesia parece funcionar mejor?

¿Te llamará Dios?

–1 CORINTIOS 14:1-40

(Un nuevo devocional de longitud récord).

Hablé con un amigo que está plantando una iglesia en Florida, Estados Unidos, sobre la naturaleza de mi iglesia bautista, en comparación con su congregación, que es de otra denominación. Él creció en una iglesia que sin duda llevaba fruto para el reino de Dios, pero también hizo cosas que no estaban de acuerdo con el pasaje de hoy. El pasaje bíblico que veremos hoy lo convenció ¡y Dios lo usó para llamarlo a plantar una nueva iglesia! ¿No es genial? Quizás Dios también te llame a través del *pasaje bíblico de hoy.*

Según la Escritura, así es como debería verse la iglesia durante la adoración. Este es el modelo ideal de la iglesia, y vemos cómo se hace realidad cuando leemos el libro de Hechos. La adoración bíblica debe estar llena del Espíritu, pero también realizarse en orden (v. 40). En tu Volante Volador, describe una reunión de adoración que esté llena del Espíritu, pero que también se conduzca de manera ordenada, como para que, si un no creyente asiste, no diga que los cristianos están todos locos (v. 23 y Col. 4:5).

80

Describe tu reunión de adoración.

Comprométete a participar en la obra

–MATEO 13:1-9

Lee el pasaje bíblico de hoy. Jesús hablaba en parábolas para que los verdaderos cristianos entendieran el mensaje y los falsos cristianos, que fingían, no lo comprendieran. Los cristianos verdaderamente convertidos y que, por lo tanto, llevaban fruto (Rom. 8) eran los que «tenían oídos» (v. 9). Si leyeras el pasaje de hoy y no lo entendieras, consideraría que eso es una importante señal de peligro y te pediría que volvieras a Romanos 10:9 antes de seguir leyendo.

¿Lo más importante para ti es la obra de tu Salvador? Desde tu experiencia de conversión, ¿te ha resultado importante la obra de Dios? Si esto no es así, ¡todavía no eres salvo (Luc. 9:62)! Si eres un cristiano convertido, serás fructífero y te ocuparás de sembrar la semilla del evangelio en el corazón de las personas. Lleva a cabo la obra de la Gran Comisión donde este libro empezó. Ocúpate de la evangelización. Algunos aceptarán el mensaje y otros no. En el día 20, anotaste en tu Marcador de Mateo un compromiso de participar como obrero en esta cosecha abundante. Vuelve a esa anotación en tu Marcador de Mateo y escribe: «Seguimiento: hasta hoy (la fecha de hoy), he sido (o no he sido) un obrero».

¿Has sido un obrero para Dios?

Esclavizado por la ley

–HECHOS 6:8-15

Lee el pasaje bíblico de hoy. Si has estado buscando los pasajes bíblicos que aparecen entre paréntesis, entonces ya sabes lo que pasó con Esteban en los versículos de hoy. Estaba a punto de morir a manos de su audiencia. El grupo de hombres que lo mató incluso tenía un nombre que sonaba como el de una banda fantástica. Se llamaba la sinagoga de los «Esclavos Liberados». Sin embargo, estos hombres que se autoproclamaban «libres» eran esclavos de la ley (Gál. 3:1-14). Aunque afirmaban adorar a Yahvéh, no lo reconocieron cuando estaba frente a ellos encarnado en Jesús (Juan 14:6-7).

Por lo tanto, para seguir con la tradición de Esteban, quiero que proclames el evangelio a todos los que no creen.

¿Cómo puedes proclamar el evangelio?

La dificultad y la prueba

–2 CORINTIOS 12:5-10

Mis momentos más oscuros, como cuando lloré destrozado junto a la tumba de mi hijo, fueron usados para llevar a muchísimas personas a Cristo. Dios usa nuestros momentos de mayor debilidad para demostrar Su fortaleza. Para empezar el maravilloso libro de 2 Corintios, Pablo dice que la iglesia de Corinto era motivo de orgullo para él como apóstol (2 Cor. 1:14). *Lee el pasaje bíblico de hoy.*

Dios le dio a Pablo una «espina en la carne». Piénsalo un momento. Sí, los regalos perfectos vienen de parte de Dios (Sant. 1:17); pero, a veces, el Señor también permite dificultades y pruebas. Por momentos, Dios nos sabotea para humillarnos y enseñarnos. *¿Me escuchaste, alumno mío?* A veces, ¡Dios se te opone por tu propio bien (Hag. 1:5-11)! Sí, como Dios nos ama, a veces se nos *opone.* Toma un minuto para considerarlo bien. Cuando lo entiendas, alaba a Dios ¡porque esas debilidades que tienes se convierten en plataformas para que Dios demuestre Su perfección al mundo! Él usa tus antiguos pecados como *armas* en Su guerra contra el pecado (Rom. 6:13; *¡búscalo!*).

¿Qué debilidades tienes que puedan convertirse en plataformas?

_____

_____

_____

_____

_____

_____

_____

_____

_____

_____

_____

_____

El trigo y la maleza

–MATEO 13:18-30

Ahora que eres cristiano, entiende que algunas personas sencillamente no comprenden lo que les dices cuando hablas a favor del Espíritu Santo. Apartados del santo Espíritu de Dios, todavía están atascados en el pecado y no podrán obedecer la ley de Dios hasta que el Espíritu Santo se derrame sobre ellos (Rom. 8:7). Conocer esta verdad evitará que te desalientes al evangelizar. *Lee el pasaje bíblico de hoy.*

Los versículos iniciales explican el último pasaje que vimos en Mateo. Aquí, Jesús revela que los que están engañados por Satanás no pueden entender el evangelio (v. 19); los que al principio están emocionadísimos por el evangelio, pero después se desvanecen a la primera señal de dificultad no se salvan (vv. 20-21); y el que se deja llevar por las falsas enseñanzas y el amor a las riquezas no puede salvarse hasta que se le muestre la verdad (v. 22 y Luc. 18:18-25). En el pasaje bíblico de hoy (vv. 24-30), Jesús relata la parábola del trigo y la maleza, y la explica en los versículos 36-43. Pinta una imagen desagradable pero realista. Alumno querido, la mayor parte del mundo no se salvará (Mat. 7:13-14).

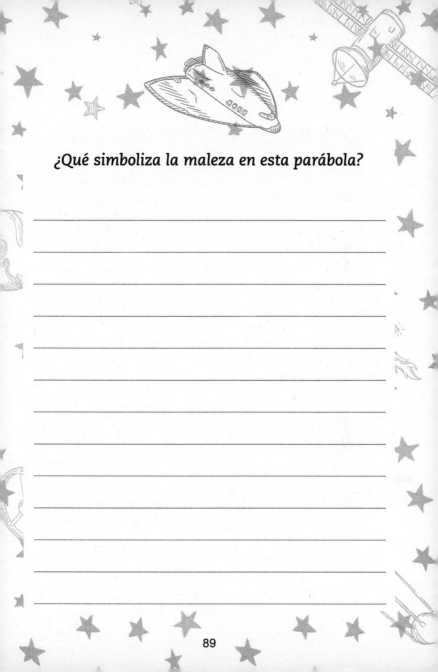

¿Qué simboliza la maleza en esta parábola?

Un verdadero mártir

–HECHOS 7:51-60

Entender lo que sucede aquí es crucial para comprender los capítulos 8-11 de Romanos. Esteban está hablando a autoridades judías que resisten al Espíritu Santo, tal como lo hacían sus antepasados (Hech. 7:51). ¿Recuerdas lo que hablamos de la blasfemia el día 32? Si es necesario, vuelve y repásalo antes de *leer el pasaje bíblico de hoy*.

Esta es la primera vez que alguien fue martirizado (es decir, que murió por su fe) en el Nuevo Testamento. Esteban recibió una ovación de pie de parte de Dios. Mientras moría y las piedras lo golpeaban de manera fatal, oró por los que lo mataban. Oró por sus propios verdugos. ¡Eso sí que es un cristiano! Recibió una ovación de pie de Jesús (v. 55) y murió a manos de estos blasfemos (v. 51), quienes, al igual que sus antepasados, se resistieron la convicción del Espíritu Santo para creer y salvarse. Que tu corazón hacia los que te persiguen, se burlan de ti y te arrojan piedras se parezca al de Esteban en el versículo 60. Ahora que eres cristiano, es hora de ser como Esteban. En tu Hacha de Hechos, haz un dibujo de los últimos momentos de Esteban, según se los describe aquí. Después, medita en ese dibujo.

90

¿Quiénes son los mártires cristianos de hoy?

_____

_____

_____

_____

_____

_____

_____

_____

_____

_____

_____

_____

El pecado heredado

–GÁLATAS 5:16-26

¿Meditaste en tu dibujo del martirio de Esteban? Eso espero. No importa si no eres bueno dibujando. Yo tampoco lo soy. Si no, pregúntale a mi familia. Este año, pinté a mano tarjetas para cada miembro de la familia en una ocasión especial y ninguna salió bien. A medida que avanzamos para ver lo que significa ser llenos del Espíritu Santo, veamos el pasaje más directo de la Biblia en lo que se refiere a lo que sale de tu vida cuando entra el Espíritu Santo. *Lee el pasaje bíblico de hoy.*

Entonces, los versículos 19-21 nos muestran lo que nos sale naturalmente, como personas que heredaron la naturaleza del pecado, y los versículos 22-26 muestran lo que surge en nuestra vida de forma contraria a nuestra naturaleza, como cristianos llenos del Espíritu Santo. Dios nos muestra cómo deberían ser las cosas, y nosotros podemos creer o no creer. Cuando creemos, los atributos que se describen en los versículos 22-26 fluyen de nosotros a través del Espíritu Santo que mora en nuestro interior. Por favor, no pienses en cada atributo como un fruto específico; más bien, considera todo como «el fruto» que se describe en el versículo 22. Como tienes amor que fluye del Espíritu Santo, también tienes alegría y, como tienes alegría, tienes paz, etc.

**Enumera los atributos del fruto del Espíritu.
¿Cuáles son evidentes en tu vida?**

Correr por la iglesia

–MATEO 13:54-58

La primera iglesia donde trabajé es la misma en que me bautizaron cuando era pequeño. Aunque esa iglesia votó por mí, me contrató y me nombró pastor, algunos de los adultos de la iglesia todavía se acordaban del muchachito llamado Jesse que solía correr a toda velocidad por el salón social durante la cena de los miércoles por la noche, gritando a todo pulmón. Por lo tanto, como puedes imaginar, a algunos les costaba tomarme en serio cuando, unos 20 años más tarde, me paraba frente a ellos y los reprendía por su pecado por el poder del Espíritu Santo. *Lee el pasaje bíblico de hoy.*

Los medios hermanos de Jesús («medios» porque Jesús no era el hijo biológico de José) no creyeron en Jesús al principio, pero con el tiempo lo hicieron. ¿No sería un milagro si tus hermanos creyeran que eres Dios? Eso es lo que sucedió con los hermanos de Jesús, ya que no solo creyeron, sino que se transformaron en líderes de la iglesia primitiva. Santiago (el autor del libro que lleva su nombre) se transformó en el líder de la iglesia de Jerusalén. Ahora bien, ¿notaste que Jesús habría hecho más milagros allí si las personas hubieran creído (v. 58)? Medita en eso.

¿Qué te parece que habrán pensado de Jesús sus hermanos?

_____

_____

_____

_____

_____

_____

_____

_____

_____

_____

_____

_____

Tienes un enemigo

–HECHOS 8:1-8

La última vez que usamos nuestra Hacha de Hechos, a Esteban lo mataron y se convirtió en el primer mártir del Nuevo Testamento. En la ejecución, había un hombre llamado Saulo que estaba supervisando. Algo interesante sobre este hombre es que, con el tiempo, se lo conocería como «Pablo». Ahora bien, ¡Pablo es el autor de gran parte del Nuevo Testamento! *Lee el pasaje bíblico de hoy.*

Ahora que eres cristiano, tienes un enemigo. ¿Acaso no es una gran bendición? ¿No es una noticia maravillosa? ¡Ja! Verás, como te alineaste con Dios, te has alineado en contra de Satanás. Ahora, en nuestra última visita al libro de Hechos, Satanás había intentado aplastar el evangelio, pero, como puedes ver en el versículo 4, ¡le salió el tiro por la culata y el evangelio se expandió con más rapidez a lugares nuevos! Esto respalda Romanos 8:28, que nos enseña que Dios usa *todas* las cosas para el bien de los que son llamados según Su propósito. Debido a la ejecución de Esteban, el evangelio se extendió. ¡Las personas fueron expuestas al evangelio (v. 4), fueron libres de la posesión demoníaca y hasta se sanaron milagrosamente (v. 7)! Mira y medita en las cosas hermosas que Dios logró a través de la ejecución de Esteban.

96

¿Cómo obró Dios a través de la ejecución de Esteban?

46

Amor y respeto

–EFESIOS 5:22-33

Mi esposa me comunica lo que piensa y, luego, respeta lo que yo decido, incluso si no está de acuerdo. Así es la sumisión piadosa para una mujer cristiana. Ella dice todo —y me refiero a absolutamente todo— lo que tiene en mente y me llama la atención cuando es necesario, pero igualmente acepta lo que yo decido. Sabe que tengo que rendir cuentas ante Dios por cómo llevo adelante nuestra familia y ella es responsable ante el Señor por cómo se sujeta a mí. A su vez, yo entrego mi vida a mi preciosa esposa y considero que no tiene sentido vivir a menos que viva para amarla. *Lee el pasaje bíblico de hoy.*

Ya vimos el diseño de Dios para la iglesia y hoy veremos Su diseño para la familia. Dios desea que los esposos amen a sus esposas y se sacrifiquen por ellas, que las esposas amen a sus esposos y los respeten, y que los hijos obedezcan a sus padres (Ef. 6:1-3). Toma un momento para imaginar tu futura familia. ¿Tu esposa te respeta? ¿Tus hijos te obedecen? Ahora, de vuelta al presente, *¿obedeces a tus padres como manda la Escritura?* ¡Oooh! ¡Sí, lo dije! ¡Sorpresa!

¿Cómo puedes mostrar respeto a tus padres y hermanos hoy?

_____

_____

_____

_____

_____

_____

_____

_____

_____

_____

_____

_____

_____

Un banquete impresionante

–MATEO 14:13-21

Mis alumnos del ministerio estudiantil a veces se ríen cuando hablo de Jesús y la comida, porque suelo enseñar sobre el tema bastante a menudo, pero es verdad: ¡la comida es importante para Dios! Jesús usó ilustraciones de comida en Su ministerio de enseñanza y todos los cristianos nos reuniremos con Dios en un banquete *impresionante* (Mat. 26:29). *Lee el pasaje bíblico de hoy.*

Jesús alimentó a una multitud de personas *otra vez* en Mateo 15:32-39 y luego usó estos festines masivos como herramienta para enseñar en Mateo 16:1-12. Lee esos pasajes para encontrar más ejemplos de las enseñanzas de Jesús a través de la comida. Sin embargo, para el pasaje de hoy, quiero que veas que Jesús tomó solo cinco panes y dos peces (v. 19) y los *multiplicó*. ¿Sabías que Dios se sigue dedicando a tomar cosas comunes y corrientes y a multiplicar su impacto más allá de lo que es posible? El Señor puede tomar todo lo que eres, lo que has sido y aquello de lo que eres capaz y *multiplicarlo* para lograr cosas mucho más grandes de lo que puedes imaginar (Ef. 3:20-21). Escribe estas palabras en tu Marcador de Mateo: «Lo que puedo hacer por mis propias fuerzas no es nada comparado con lo que Dios puede hacer a través de mí».

¿Cómo ha usado Dios a otras personas para impactar tu vida?

48

Saulo o Pablo

–HECHOS 9:1-19

Pablo tiene un testimonio increíble. Es famoso porque es dramático y está registrado en la Biblia, pero ¿sabías que incluso los testimonios «normales» son igual de poderosos y «dramáticos»? La última vez que lo vimos, todavía se llamaba «Saulo» y estaba supervisando y aprobando sin piedad la ejecución injusta de Esteban a manos de hombres blasfemos en Hechos 7. Después de eso, se encontró con una poderosa manifestación del Jesús resucitado. Iba camino a la ciudad de Damasco para arrestar a creyentes, pero las cosas no salieron como había planeado. Encontrarse con Jesús suele tener ese efecto. En cambio, llegó a Damasco ciego, con nuevas convicciones y un nuevo nacimiento. *Lee el pasaje bíblico de hoy.*

Saulo (que más adelante se llamaría «Pablo») no recobró la vista hasta que un creyente puso su mano sobre él y lo llamó «hermano» (v. 17). Para Ananías, era aterrador estar cerca de Saulo (v. 13), pero obedeció el llamado de Dios de todas maneras. Después, Saulo recibió el Espíritu Santo (v. 17). De manera similar, fuiste llamado a alcanzar a esa persona que crees que es imposible que se salve. Acércate a Saulo, Ananías. Dios tiene planes impresionantes para él.

¿Cómo cambió la vida de Saulo cuando quedó ciego?

_____

_____

_____

_____

_____

_____

_____

_____

_____

_____

_____

_____

_____

Brilla

–FILIPENSES 2:12-18

Vi su sonrisa. Fue un relámpago fugaz, pero sabía que la había visto. Por primera vez en un año, volví a ver la sonrisa de mi esposa. No era esa sonrisa cordial con la que tantas veces saludaba a los demás con amabilidad. Fue una sonrisa que se le dibujó en el rostro cuando la alegría desbordó su alma y llegó a la superficie. Eso sucedió hace unos nueve meces y fue la primera vez que la vi sonreír desde que nuestro hijo Aiden falleció. Ahora, sonríe todos los días, pero hubo una época en la que pensamos que no volveríamos a sentir un gozo como este. *Lee el pasaje bíblico de hoy.*

El libro de Filipenses se trata sobre la alegría de principio a fin y nos vivifica cuando entendemos que Pablo estaba en la cárcel y se enfrentaba a la pena de muerte mientras lo escribía. *Eso es gozo.* Es la hermosa sensación de propósito eterno que viene de tener la mirada en el cielo, y el sentido inamovible de seguridad que proviene de tener una conciencia limpia ante Dios y los hombres. Ninguna circunstancia puede quitar este gozo. Entiende que eres salvo (v. 12), no te quejes nunca (v. 14) y aférrate a la palabra de vida (v. 16). Brilla.

¿Qué significa para ti la alegría?

¿Adoración?

–MATEO 15:1-20

En este momento en Mateo, los fariseos habían estado tramando durante mucho tiempo cómo matar a Jesús (Mat. 12:14). Eso es maldad absoluta y, sin embargo, reprendieron a Jesús y a Sus discípulos por no lavarse las manos... en serio. *Lee el pasaje bíblico de hoy.*

¿Te diste cuenta de que hay una profecía de Isaías en los versículos 8-9? Ahora, hablemos en serio un momento. ¿Esto te describe? «Este pueblo me honra con sus labios, pero su corazón está lejos de mí». Al igual que el grupo superficial de creyentes del Antiguo Testamento al que Amós llamó la atención por sus oraciones y su adoración vacías y recitadas de memoria, estos fariseos no actuaban de corazón. Cumplían con las formalidades y parecían buenos por fuera, pero ahí terminaba el asunto. Cuando cantas alabanzas en tu iglesia, ¿pronuncias las palabras, pero tu corazón no está concentrado en el Espíritu Santo? Si así es, eres culpable de las mismas cosas de las que Jesús acusó a los fariseos aquí. ¡Honra a Dios no solo con tus labios, sino también con tu corazón! Adora en espíritu y en verdad (Juan 4:23-24). La próxima vez que estés en una reunión de adoración, ¡ten en mente este pasaje, cristiano!

¿Cómo puedes honrar a Dios en adoración?

51

Las preguntas correctas

–HECHOS 10:1-6

A veces, la parte más difícil de evangelizar a alguien es sacar el tema del evangelio. Aquí tienes algunas preguntas que puedes hacer para llevar la conversación en ese rumbo. Según lo que ya sabes de esta persona, puedes preguntar: «¿A qué iglesia asistes?», o algo como «¿Cuál es tu visión de Dios?» o «¿Alguna vez consideraste el cristianismo?». Con marcador permanente, escribe un símbolo en tu mano que te recuerde hacerle a alguien estas preguntas antes de que la tinta se lave. Una vez que lo hagas, ¡habrás abierto la puerta para empezar a evangelizar a alguien! *Lee el pasaje bíblico de hoy.*

Ahora, en este capítulo de Hechos, Dios quebranta el prejuicio de Pedro contra los gentiles (las personas que no eran judías) y vemos otro derramamiento del Espíritu Santo, como el de Hechos 2, solo que este fue sobre los gentiles. La vida de oración y las obras de caridad de Cornelio eran una ofrenda para Dios (v. 4). ¡Que lo mismo se pueda decir de tu vida de oración! Muchas veces, nuestras oraciones son exclusivamente pedidos a Dios, pero las oraciones de Cornelio junto con sus dádivas para los pobres se elevaban al Señor como una ofrenda. ¡Qué genial!

¿Cuál puede ser tu símbolo para recordarte que compartas tu fe?

52

Medita

–FILIPENSES 4:4-9

¿Ya le hiciste a alguien alguna de las preguntas del devocional de ayer? Si no, ¡ponte en marcha! Si ya lo hiciste, ora ahora mismo para que el Espíritu Santo obre en el corazón de esa persona. Pide la protección de Dios para ella. Ora para que el Padre la lleve a Cristo (Juan 6:44). *Lee el pasaje bíblico de hoy.*

Mientras nos ahogábamos en dolor por el fallecimiento de nuestro hijo, se nos metió esta idea espantosa de que quizás tendríamos que ir por la vida destrozados, caminando para siempre con pesadez entre los pedazos de lo que una vez había sido una vida feliz, pero que ya nunca podríamos volver a eso porque nuestra familia jamás volvería a estar completa en esta Tierra. Dios nos ha dado una paz que no podemos entender y que protege nuestro corazón (v. 7). Es hermosa. En el mismo versículo, ¡Pablo nos dice dos veces que nos alegremos! Como el Señor está cerca (v. 5), ¡no tenemos nada de qué preocuparnos (v. 6)! Sobre este cimiento, el apóstol establece estos maravillosos principios para que nos concentremos y, como dice La Biblia de las Américas, «meditemos» en ellos. Esa palabra *meditar*, ¿sabes lo que significa? Significa pensar profundamente en algo. Todas estas enseñanzas se unen y forman el fundamento para un gozo inquebrantable.

¿Qué significa meditar para ti y para tu fe?

Dios existe

–MATEO 16:21-23

Si descubres que tienes que discutir para probar la existencia de Dios, no te preocupes. ¡Ya aprenderás a defender tu fe a medida que crezcas como cristiano y tengas al Espíritu Santo como tu aliado! *Lee el pasaje bíblico de hoy.*

Este fue un momento bastante tonto de Pedro. Jesús les había dicho muchas veces a Sus discípulos que lo matarían y que resucitaría. Pedro no había escuchado y quedó tan abrumado al pensar en la muerte de Jesús que no quiso creerlo. Al decir: «Eso jamás te sucederá a ti» (v. 22), Pedro negó que Jesús haría exactamente aquello que vino a hacer; entonces, el Señor lo reprendió. Ahora mismo, ora para que solo tengas las cosas de Dios en tu mente y que todo lo que nos concierne como hombres mortales quede en segundo plano.

Escribe una oración para pedir ayuda mientras
concentras tu vida en Dios.

_____

_____

_____

_____

_____

_____

_____

_____

_____

_____

_____

_____

_____

54

Un llamado de atención

–HECHOS 11:1-26

En el pasaje bíblico de hoy, los compatriotas judíos de Pedro le llamaron la atención por evangelizar a los gentiles. Esto es fascinante porque Jesús enfrentó críticas similares por ministrar a cobradores de impuestos, pecadores e incluso una mujer con reputación de adúltera. Espero que seas la clase de hombre que se acerque y ministre a absolutamente todos, sin importar lo que digan sobre ti. Observa cómo silenció Pedro a sus críticos en los versículos 1-18 y prepárate para quedar boquiabierto al ver lo que Dios hace a través de la ejecución de Esteban en los versículos 19-26. En el versículo 20, los griegos o helenistas eran personas que adoraban dioses falsos. *Lee el pasaje bíblico de hoy.*

Lo que parecía ser una victoria para Satanás se transformó en la fuerza impulsora detrás del movimiento del evangelio hacia afuera de Jerusalén, ¡tal como Jesús profetizó que sucedería en Hechos 1:8! ¡Eso sí es hacer que todas las cosas cooperen para bien (Rom. 8:28)! Pensaron que habían aplastado el movimiento al matar a Esteban, pero, en realidad, terminaron inventando el término *cristianos* que usamos hoy (v. 26). Por eso, quiero que apliques Hechos 11 a este día. Evangeliza a alguien *hoy*. Después del día 75, le enseñaremos a esta persona a evangelizar a otro.

¿Con quién puedes compartir el evangelio hoy?

55

Alegría pura

–FILIPENSES 4:10-14

Las cosas de mi vida que más alegría me dan no tienen nada que ver con mi cuenta bancaria. La hermosa sonrisa de mi esposa no me cuesta absolutamente nada. Las voces de mis hijos que provienen del asiento trasero de mi camioneta no se ven afectadas por el dinero. Cantar y tocar un instrumento junto a una fogata rodeado de familiares y amigos es gratis. El océano no me cobra por usar sus olas. Mi salvación nunca será revocada, aun si me quitan todas mis posesiones. Nadie me puede robar mi destino celestial. Puedo hacer cualquier cosa a través de Dios, quien me da la fortaleza. Puedo enfrentarme a tiempos de necesidad y aprender a contentarme porque mi alegría no está arraigada en cosas terrenales. *Lee el pasaje bíblico de hoy.*

Mi oración es que tu vida desborde de gozo. Ruego que tu alegría sea más grande que tus circunstancias. Tu alegría es preciosa para Dios, horrible para Satanás y algo por lo que vale la pena pelear. Que tu gozo esté arraigado en tu salvación. Que pueda desbordar. ¡Que tu alegría sea contagiosa y empiece una epidemia hoy!

¿Cómo puedes compartir tu alegría?

Tienes que pagar

–MATEO 17:24-27

Ser cristiano te costará todo, pero encontrarás a algunos cristianos que no están dispuestos a pagar nada. Quizás hayan llegado a Cristo sin entender la naturaleza del pecado y sin arrepentirse. Cuando se transforman en miembros de una iglesia, la vida cristiana los toma desprevenidos. Son como la persona que Jesús describe en Lucas 14:28, que se pone a construir una torre sin calcular primero el costo. Así es el cristiano que no está dispuesto a dar nada. Sin embargo, es necesario pagar. *Lee el pasaje bíblico de hoy.*

Este es un milagro que casi nunca se enseña, y su contexto revela algo maravilloso. ¡Estos muchachos cambiaron todo el mundo por el poder del Espíritu Santo! Cuando imaginas los sucesos del libro de Hechos, no te imagines a unos ancianos con cabello gris que hacían estas cosas increíbles con el poder de Dios. En cambio, imagina correctamente a jóvenes que hacían estos milagros y recibe inspiración para que Dios te use de manera similar.

Haz una lista enumerando cómo puede usarte Dios.

Oraciones del tamaño de Dios

–HECHOS 12:5-19

En tu Hacha de Hechos, anota una oración a Dios pidiéndole que haga algo poderoso hoy a través de ti y deja espacio para la historia que escribirás al final del día. Cuando el pueblo de Dios ora con afán de acuerdo a la voluntad de Dios, los muros caen. Por eso, ora, cristiano; y, a medida que ores, inspírate con esta oración del versículo 5 que se responde en los versículos 6-14 y que deja sin habla a los creyentes en los versículos 15-19. *Lee el pasaje bíblico de hoy.*

Me resulta muy gracioso que Pedro, después de haber visto cosas poderosísimas, pensara que estaba viendo una visión (v. 9). Lo habían encadenado entre dos hombres porque el rey Herodes era paranoico y habían dejado a un total de 18 soldados para vigilarlo. ¿Te imaginas ser uno de esos hombres? Me pregunto si los soldados más antiguos habrán obligado a los nuevos a hacerlo. ¡Ja! Ahora, mira cómo la respuesta a las oraciones de María, Rode y los demás cristianos literalmente llama a la puerta en el versículo 13. Ahora que eres cristiano, es hora de pronunciar oraciones del tamaño de Dios que estén alineadas con Su voluntad.

¡Anota lo que le pediste a Dios que haga a través de ti hoy!

Una profecía apocalíptica

–2 TESALONICENSES 2:1-17

Vuelve a mirar tu Hacha de Hechos y escribe la historia de lo que Dios hizo cuando le pediste que te usara con poder ayer. Buenísimo, ¿no? Ahora, vamos a ver una profecía apocalíptica. Ahora que eres cristiano, la convicción de lo que la Biblia dice sobre el futuro del mundo impacta tu presente. El libro de Apocalipsis no es el único de la Biblia que describe el plan de Dios para el mundo. También podemos aprender de esas cosas en el libro de Daniel, algunas enseñanzas de Jesús (ver Mat. 24), los escritos de Juan y esta carta que escribió Pablo a la iglesia de Tesalónica por la inspiración del Espíritu Santo. Recuerda que el día del Señor es la Segunda Venida de Jesús y que «el hombre de anarquía» es el anticristo (la bestia en el libro de Apocalipsis). *Lee el pasaje bíblico de hoy.*

No todos los milagros se hacen para bien. El anticristo estará rodeado de milagros que engañen a los impíos y los convenzan de adorarlo. Sin embargo, mientras vivimos esperando lo que Dios ha planeado, ¡vivimos para Aquel que vencerá el mal con el soplo de Su boca (v. 8)!

¿Qué hizo Dios en tu vida?

El conflicto

–MATEO 18:15-20

Recién hablé con un exalumno mío sobre este tema. Un muchacho de la iglesia a la que asiste mientras está en la universidad cometió un pecado que fue devastador para otro miembro de la iglesia. Lo confrontaron en forma personal, después en grupo, y el pastor y algunos líderes hablarán con él esta noche. No es común que las cosas lleguen a este punto en el proceso que llamamos la «disciplina en la iglesia». Solo dos veces vi que la situación llegara al paso tres. Te diré cómo salió todo después de que *leas el pasaje bíblico de hoy*.

Este es el pasaje de referencia para tratar con el conflicto en la iglesia. Si alguien peca contra ti... (prepárate para quedar boquiabierto...; en serio, sostente de algo ahora mismo porque demasiados cristianos parecen no entender esta verdad trascendental...), ve y habla con él. ¿Qué? ¡Vaya! Sí, y perdónalo. Sigue leyendo Mateo 18 hasta el versículo 35 para ver cómo perdonar (de corazón) y cuántas veces perdonar (diez veces más de lo que creías). He visto cómo este modelo dado por Dios lleva a cristianos rebeldes al arrepentimiento. En verdad restaura a las personas. Cuando estudiemos 1 Juan, veremos mejor cómo abordar los conflictos con otros cristianos.

124

¿Qué ideas tienes para manejar conflictos con tus amigos, tus hermanos y tus padres?

Los planes que tengo para ti

–HECHOS 13:1-12

En mi ministerio estudiantil, tenemos un lema que resume el pedido de oración más común entre mis alumnos más grandes. Cuando alguien dice: «Quiero el clásico», lo que significa es «Ora para que pueda descubrir los detalles de la voluntad de Dios para mí». Como pastor que ha trabajado con miles de estudiantes, una de las cosas más fascinantes para mí es ver a jóvenes que crecen en su vida cristiana y notar que ninguna de esas vidas es idéntica a la otra. Dios te hizo con un propósito específico. *Lee el pasaje bíblico de hoy.*

Ahora bien, sé que es extraño que elija concentrarme en este texto, con todo esto del apóstol de Dios que aparece y deja ciego al hechicero (de manera similar a lo que le había sucedido a él); pero óyeme un momento... y con «óyeme», quiero decir «léeme». Simeón, Lucio y Manaén eran hombres *increíbles* de Dios con talentos, historias y conexiones *increíbles*. ¡Por todos los cielos, Manaén era amigo íntimo del rey Herodes! Sin embargo, Dios eligió a Pablo y Bernabé con este propósito, excluyendo a los demás: su destino era otro. Al igual que los hombres de este texto, adora y ayuna hoy para que puedas escuchar los planes que el Espíritu Santo tiene para ti.

¿Qué planes para tu vida te reveló el Espíritu Santo?

61

¿Está llamando Dios?

–1 TIMOTEO 4:7-16

El libro de 1 Timoteo es una de las cartas de Pablo a un joven que era pastor de una iglesia inmensa. Los capítulos 2 y 3 son instrucciones para estructurar el liderazgo de la iglesia con diáconos y ancianos calificados, así como instrucciones de adoración. El capítulo 5 se trata de pagarle bien al pastor y el capítulo 6 habla de los falsos maestros. Sin embargo, ahora veremos solo una introducción al mirar el capítulo 4. *Lee el pasaje bíblico de hoy.*

La espada que mencioné antes que tengo colgada en mi oficina fue un regalo cuando me nombraron pastor, donde un consejo de pastores y diáconos oró por mí en una ceremonia basada en el versículo 14. Al ser un hombre joven en el ministerio, el versículo 12 es muy importante para mí y también debería serlo para ti. Dios podría llamarte al ministerio como pastor, líder de alabanza o misionero a tiempo completo, pero gracias a la Gran Comisión (Mat. 28:18-20) todos somos llamados a alguna clase de ministerio. Empieza tu tarea ahora que eres joven viviendo de acuerdo al versículo 12 y, en oración, considera la idea de que quizás, algún día, ¡tengas un trabajo en el ministerio!

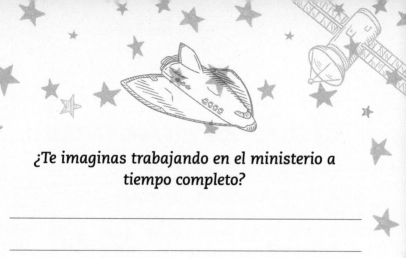

¿Te imaginas trabajando en el ministerio a tiempo completo?

62

El liderazgo de siervo

–MATEO 20:20-28

Jesús nos da el ejemplo supremo de «liderazgo de siervo». Incluso si no eres un líder oficial, vivir como cristiano frente a tus pares es una forma de liderazgo porque *influye* sobre los demás. Lo que Jesús enseñó sobre la naturaleza del liderazgo invalidó a la perfección las enseñanzas de Su época. *Lee el pasaje bíblico de hoy.*

Ahora, examina tu corazón con este pasaje. Sé sincero contigo mismo y hazte esta pregunta: «¿Me estoy promocionando a mí mismo para que todos me admiren o intento que los demás admiren a Cristo?». Jesús tenía todo el derecho de aparecer con el esplendor de un rey, patear la puerta de cualquier palacio y ladrar órdenes egoístas a los siervos, pero no lo hizo. En cambio, hizo cosas como lavar los pies de Sus discípulos, y nos mandó a hacer lo mismo. Jesús fue perfectamente íntegro. No solo enseñaba de palabra, sino que también daba el ejemplo. Como dijo Juan el Bautista en Juan 3:30, Jesús debe tener cada vez más importancia y yo, cada vez menos. Que ese sea tu lema para hoy. Esta noche, en tu Marcador de Mateo, anota cómo este enfoque hizo que este día fuera distinto de ayer.

¿Cómo puedes ser un líder que sirva?

Verdades impopulares

–HECHOS 13:42-52

Hoy en día, hay mucha gente que odia a los cristianos. Especialmente en línea, muchas personas quieren provocar a los cristianos para reírse, y lo más probable es que cualquier debate sea infructuoso. Ahora bien, a veces, estas conversaciones pueden dejar una huella profunda y tienes que ser sensible a la confirmación del Espíritu Santo y hablar las palabras que Él te dé en esos momentos (Mar. 13:11). Sin embargo, en el pasaje de hoy, los discípulos estaban contentos de salir de un pueblo lleno de personas odiosas. *Lee el pasaje bíblico de hoy.*

Pablo y Bernabé estaban hablando con audacia sobre cómo Dios había elegido a la nación de Israel de manera soberana para que lo adorara, pero ahora la salvación también era para los gentiles (v. 46). Era algo sumamente impopular para decirle a esa multitud, pero lo dijeron de todas maneras. ¿Tienes las agallas de proclamar las verdades impopulares de Dios? Parte de lo que los alegró tanto al irse, además del fruto evangelístico que hubo (v. 48), fue que tenían la conciencia limpia porque habían dicho la verdad.

¿En qué momentos te cuesta más compartir tu fe?

Sirve

–TITO 1:1-9

Según Efesios 4 y este pasaje de Tito, la función del pastor es prepararte a ti para la tarea del ministerio. Si todos los miembros de la iglesia esperan que el pastor esté a su disposición constantemente, esa congregación no crecerá más allá de cierto punto porque el pastor tiene solo 24 horas al día. Sin embargo, si los miembros de la iglesia consideran que la obra del ministerio es su tarea, con la guía del pastor, ¡la iglesia no tiene techo! *Lee el pasaje bíblico de hoy.*

Pablo discipulaba a Tito y hacía la obra de manera parecida a lo que hizo Moisés con Josué. El suegro de Moisés, Jetro (qué nombre robusto, como de leñador), vio que Moisés escuchaba todos los problemas que tenía cada uno de los israelitas. Jetro lo llamó aparte y le dio un sistema brillante (Ex. 18:13-27) que permitía que otras personas hicieran la tarea del ministerio para que pudieran abarcar más. En el Nuevo Testamento, lo vemos en los roles de los diáconos y los ancianos a partir de Hechos 6:1-7 y con más detalle en el pasaje de hoy. Colabora con tu pastor. Ahora que eres cristiano, ¡es hora de servir en tu iglesia!

¿Cómo y dónde puedes servir?

La oración por la iglesia

–MATEO 21:12-13

Alumno querido, espero que tu vida de oración sea una experiencia íntima y bilateral de comunicación con Dios. Espero que ores a menudo y no solo por ti mismo, sino también por tu iglesia. Es más, vamos a practicar la disciplina de la oración por la iglesia hoy mismo. En *el pasaje bíblico de hoy*, mira la actitud intensamente protectora de Jesús por Su Iglesia.

Yo amo mi iglesia. Con mi familia de la congregación, nos hemos divertido haciendo juntos la obra del ministerio y teniendo experiencias maravillosas. Ahora, crea alguna clase de recordatorio para orar por tu iglesia todo el día de hoy. Como puedes ver con esto de dar vuelta las mesas, Jesús se cansó de que los cambistas estafaran a la gente y les gritó Isaías 56:7, con lo cual les recordó que la iglesia debe ser una casa de oración. Por eso, en tu Volante Volador, ¡haz una nota para orar por tu iglesia todo el día de hoy!

¿Cuál es tu oración por tu iglesia? Anótala.

_____

_____

_____

_____

_____

_____

_____

_____

_____

_____

_____

_____

Sigue evangelizando

–HECHOS 14:1-7

Si no lo hiciste ayer, ponte un recordatorio —quizás en la aplicación de calendario de tu teléfono o simplemente con un piolín atado al dedo, a la antigua— para pasar el día de hoy orando para que Dios bendiga tu iglesia y la haga crecer trayendo a más y más personas a la salvación. *Lee el pasaje bíblico de hoy.*

En tu Hacha de Hechos, haz un pequeño dibujo de ti mismo en el margen izquierdo; luego, dibuja una pared grande y gruesa con espacio para escribir adentro en el medio y, por último, del otro lado de la pared dibuja a la persona a la que eres llamado a evangelizar. En la pared, anota todas las cosas que impedirían que te acerques a esa persona hoy. Ahora, compara estas cosas sobre la pared con la increíble persecución que sufrieron los apóstoles en el pasaje de hoy. Tengo mis serias dudas de que tu preocupación sea que oficiales del gobierno, guiados por una turba enojada y diversa, estén tramando arrojarte rocas hasta que mueras. Eso fue lo que los apóstoles enfrentaron en el pasaje de hoy, ¡pero el versículo 7 afirma que siguieron evangelizando! Entonces, ¿qué excusa tenemos? ¿Acaso estas excusas serían aceptables para alguien como Pablo? ¿Qué diría la pared del dibujo de Pablo?

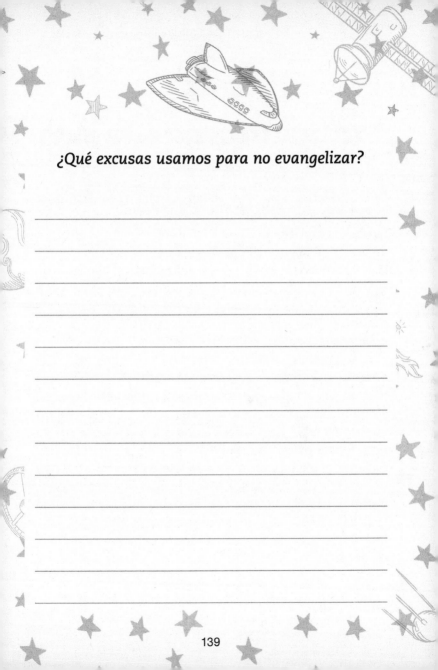

¿Qué excusas usamos para no evangelizar?

Motivación que da alas

–HEBREOS 12:1-3

Querido lector, te presento el libro de Hebreos. Al capítulo anterior se lo suele llamar «El Salón de la Fama de la fe». La idea es que leas Hebreos 11 y quieras seguir el ejemplo de los hombres que allí se mencionan, que te preguntes qué diría este capítulo sobre ti si hubiera un versículo 41 que dijera: «Fue por la fe que [tu nombre aquí] hizo [acto «x» de fe]». Desde allí, las primeras palabras del pasaje de hoy toman esa idea y la elaboran para darnos este desafío práctico. *Lee el pasaje bíblico de hoy.*

Las palabras «ya que estamos rodeados por una enorme multitud de testigos de la vida de fe» ¡nos dan la idea de que estos grandes hombres y mujeres de la fe que se mencionan en Hebreos 11 nos están mirando! Es un concepto genial y me infunde una motivación que me da alas. En serio, todavía estoy volando de la emoción. ¡Me encanta la idea de ver a alguien como Pablo en el cielo y escucharlo decir: «Hiciste una obra muy buena allí abajo, Campbell»! Así que, como el texto de hoy indica, deja de lado todo lo que te esté retrasando en tu vida y termina bien la carrera. ¡Te espera una fiesta increíble en la línea de llegada!

¿Qué te está retrasando en tu vida en este momento?

_____

_____

_____

_____

_____

_____

_____

_____

_____

_____

_____

_____

_____

¿Dios detesta los higos?

–MATEO 21:18-22

Este es uno de esos milagros realmente confusos pero fascinantes del ministerio de Jesús. Tendrá más sentido la primera vez que lo leas si sabes de antemano que la higuera representa a Israel, que Jesús acababa de sacar a los cambistas del templo y que podemos aprender lecciones del Antiguo Testamento al recordar que Dios trató al Israel de esa época de manera similar a la que nos trata a nosotros ahora. *Lee el pasaje bíblico de hoy.*

¿Qué podemos aprender de esto? ¿Acaso Dios detesta los higos? Sí, querido alumno. Eso es. No..., estoy bromeando. A juzgar por el terrible estado espiritual en que estaba el templo cuando Jesús lo dejó, Israel no estaba produciendo fruto. Que la oración ardiente de tu corazón sea que Dios no te encuentre sin fruto. Anota esta oración en tu Marcador de Mateo. Mi oración para mis alumnos es la misma que para ti y está tomada directamente de Filipenses 1:9-11: ¡que estés siempre lleno del fruto de la salvación!

¿Qué crees que significa estar lleno del fruto de la salvación?

_____

_____

_____

_____

_____

_____

_____

_____

_____

_____

_____

_____

_____

La guerra espiritual

–HECHOS 14:21-28

Ahora que eres cristiano, enfrentarás sufrimientos que no vendrían si todavía estuvieras perdido. Sé que no es una hermosa noticia, pero es verdad. Como te alineaste con Dios, te has alineado en contra de Satanás y te encuentras en medio de una guerra espiritual. Estas pruebas y dificultades son necesarias; Dios sigue siendo bueno a pesar de ellas, tiene un propósito para cada una y te ayudará a que las superes y te conviertas en un cristiano más fuerte. *Lee el pasaje bíblico de hoy.*

Anímate, querido alumno. No permitas que tu corazón se turbe. Considera tus dificultades como algo necesario (v. 22) y como nuevos capítulos en tu testimonio. Habla con franqueza y sinceridad sobre las dificultades que enfrentas en tu vida, para que veas cómo producen fruto para el reino de Dios (v. 27). Entonces, entenderás con excelentes resultados la respuesta a la clásica pregunta de la «teodicea»: ¿por qué Dios permite que le pasen cosas malas a la gente?

¿Qué dificultades ves en tu vida?

El veredicto

–SANTIAGO 1:2-4

Si en este momento no estás en medio de una época de dificultades y pruebas, es solo cuestión de tiempo. Las pruebas son una parte integral de la vida cristiana y, después de toda prueba, se pronuncia un veredicto. Que el veredicto de cada una de tus pruebas sea que te negaste a defraudar a Dios, incluso si parecía que Él te había abandonado. *Lee el pasaje bíblico de hoy.*

Este pasaje no nos llama a fingir que estamos felices por nuestras pruebas. Nos enseña a alegrarnos por poder desarrollar la perseverancia y crecer en madurez, y a confiar en que no nos faltará nada como resultado de haber pasado esta prueba de la fe. Echa un vistazo al versículo 12 para encontrar una maravillosa palabra de aliento en medio de la prueba. Ahora, en tu Volante Volador, anota estas palabras: «Ya decidí que mi fe pasará esta prueba, por más que tropiece en el camino. ¡Ya decidí que seguiré alabando a Dios en medio de esta prueba!». Escribe estas palabras desde el fondo de tu corazón masculino.

146

Completa esta frase. «Ya decidí que...».

En pie de guerra

–MATEO 21:23-27; 1 PEDRO 3:15

¿Escribiste el compromiso de fe en tu Volante Volador ayer? Si no lo hiciste, escríbelo ahora sobre tu frente con marcador permanente. No, es una broma; no lo hagas. En cambio, *lee el pasaje bíblico de hoy*.

En todo el capítulo 21 de Mateo, Jesús se pone en pie de guerra por una causa justa. Algunas historias de los Evangelios muestran que Jesús se escabullía y desaparecía entre la multitud porque todavía no era momento para ofrecer resistencia, pero, en todo el capítulo 21 de Mateo, se terminan las contemplaciones. Aquí, Jesús no permite que Sus oponentes establezcan las reglas para el debate. Cuando un ateo te hace una pregunta, recuerda que no tiene autoridad para establecer los términos de la conversación. Ni siquiera puede explicar cómo la materia física llegó a existir de la nada. No aceptes el fundamento sobre el cual se apoya la pregunta de tu adversario si te ataca con hostilidad e intenta tenderte una trampa.

¿Cómo puedes permanecer firme y no ceder terreno en tu fe?

72

Imperfecciones

–HECHOS 15:36-41

Ahora que eres cristiano, verás más y más imperfecciones en la Iglesia en un sentido amplio. Sin duda, está bien que haya diferentes denominaciones. Algunas denominaciones modernas son ramas de iglesias que comenzaron varias de las mentes más brillantes de la Reforma (una época en la que las denominaciones protestantes se separaron de la Iglesia católica). Sin embargo, algunas denominaciones nacen del conflicto, del pecado, de errores terribles de interpretación bíblica e incluso del engaño del enemigo. El conflicto con otros creyentes es algo inevitable; incluso entre hombres ungidos por Dios. *Lee el pasaje bíblico de hoy.*

¡Vaya! Bernabé estaba atascado entre Pablo y Juan Marcos. ¡Pablo no le tenía confianza a Juan Marcos porque ya los había abandonado! Sin embargo, Dios usó incluso estos conflictos para bien. En lugar de un equipo para plantar iglesias, ¡ahora había dos! Gracias a este conflicto, su alcance se duplicó. Entrégale a Dios tus conflictos y pídele que los use para el crecimiento de Su reino. Así, tus conflictos servirán para un propósito maravilloso, aun si surgieron de una situación desagradable.

¿Qué conflictos puedes entregarle a Dios?

_____

_____

_____

_____

_____

_____

_____

_____

_____

_____

_____

_____

Por partida doble

–SANTIAGO 1:5-21

Cuando puedas, tienes que leer todo el primer capítulo de Santiago porque presenta una serie trepidante de verdades transformadoras de principio a fin. Es un solo capítulo, pero enseña sobre las pruebas, las riquezas, las tentaciones, los dones de Dios, el enojo, la discreción al hablar, la santidad, la lectura de la Biblia y hasta el cuidado de los huérfanos y las viudas. *Lee el pasaje bíblico de hoy.*

Prepárate para recibir tarea por partida doble. En este texto, tenemos dos desafíos. Cuando leas los versículos 5-8, creerás plenamente que Dios responderá tus oraciones cuando ores para pedir sabiduría. En segundo lugar, harás un voto de silencio, al estilo de un monje antiguo, durante determinada cantidad de tiempo. Para mí, esto es genial. Pasa al menos seis horas activas sin hablar y termina con una comprensión legítima de los versículos 5-8. Ahora, *¡ssshhh!*

¿Qué aprendiste en tu tiempo de silencio?

_____

_____

_____

_____

_____

_____

_____

_____

_____

_____

_____

_____

Una verdad asombrosa

—MATEO 21:33-46

Este capítulo de Mateo es el centro de una serie de mensajes de video que enseñé desde la cima de una de las montañas más altas de Carolina del Norte, Estados Unidos. Para ayudarte a entenderlo, recuerda que el dueño del viñedo es Dios, los agricultores arrendatarios son los fariseos, los siervos son los profetas del Antiguo Testamento (a quienes mataron) y el hijo es Jesús. *Lee el pasaje bíblico de hoy.*

La verdad asombrosa del versículo 42 es que el reino de Dios, que les había pertenecido a los judíos tanto tiempo (y todavía es cierto al día de hoy), estaba a punto de ser ofrecido no solo a los judíos, sino también a todos los que creyeran (Joel 2:32; Hech. 2:21; Rom. 10:13). Esto fue un golpe bajo para los judíos del primer siglo. Ahora bien, lo que veo que Jesús hace en este capítulo no es dorar la píldora, sino decir solo las verdades fundamentales. Los cristianos no tienen por qué ser unos tiernos todo el tiempo. De vez en cuando, reaccionan al estilo de Mateo 21 frente a este mundo.

¿Qué significa para ti Mateo 21?

75

El fruto

–HECHOS 16:11-15,40

Hoy mismo, comparte el evangelio con alguien con la esperanza de que esa persona ponga su fe en Cristo. Si ya lo hiciste a lo largo de este libro, entonces ve a hablar hoy con esa persona sobre llevar a otro más a Cristo. Es decir, quiero que la persona que llevaste a Cristo lleve a otra persona al Señor. Quiero que el fruto de tu vida espiritual lleve fruto propio. ¡Esta es la esencia de la Gran Comisión! *Lee el pasaje bíblico de hoy.*

Así que, Lidia, que se salvó al principio del capítulo, ministró a los que se salvaron al final del capítulo. La primera vez que tomé un vuelo para volver de Brasil, pensé: *Es imposible que todas esas personas a quienes hablé de Cristo hayan entendido lo que quise decirles.* Al año siguiente, mientras mi autobús se acercaba al pequeño «hotel» en que me había alojado en mi otro viaje, cientos de personas salieron de sus tiendas y comenzaron a correr junto al vehículo. Era la gente que había llevado a Cristo el año anterior; entre ellos, estaban dos personas llamadas Lucas y Thiago. En una ocasión, no había podido encontrar un traductor y fueron ellos quienes hablaron de Cristo con una persona problemática. Me paré allí y lloré. ¡Fue maravilloso!

¿Con quién planeas compartir el evangelio?

Los resultados

–SANTIAGO 1:22-27

Lee el pasaje bíblico de hoy. Si eres cristiano, entonces tu fe en Cristo producirá resultados. Tu estudio de la Biblia no generará un conocimiento superficial de la Palabra, sino que provocará que *hagas lo que la Biblia enseña.* Según el pasaje de hoy (junto con Mat. 7), a menos que *hagas* la voluntad de Dios, en lugar de que simplemente la *conozcas,* lo más probable es que no seas salvo y que tu fe esté muerta y no sirva para nada (Sant. 1:26).

Ahora bien, no puedes ganarte la salvación haciendo algo de acuerdo a la voluntad de Dios. En cambio, que estés viviendo de acuerdo a la voluntad de Dios prueba que eres salvo. Así que evangeliza hoy no porque te salve, sino porque eres salvo. Evangeliza porque la Palabra de Dios lo manda. No te engañes pensando que es suficiente con leer la Gran Comisión en Mateo 28:18-20 (el primer devocional que hicimos juntos en este libro); haz lo que dice y hazlo hoy. Al hacer lo que la Palabra de Dios dice, ¡recibirás bendición (Sant. 1:25)!

¿Qué medida has tomado para hacer lo que dice la Palabra de Dios?

Los impuestos

—MATEO 22:15-22

Es una bendición poder ofrendar. Diezmar es un honor y un dulce acto de adoración, y a mi esposa y a mí nos encanta. Cuando tenemos algún ingreso inesperado, nos emociona poder dar más a Dios y Su Iglesia. Es lo mismo que cantar una alabanza. También nos encanta ofrendar, ayudar al necesitado. Sin embargo, pagar impuestos... Preferiría arrojar uno a uno mis dedos del pie a un tanque lleno de pirañas estimuladas con cafeína..., pero aun así tengo que hacerlo. *Lee el pasaje bíblico de hoy.*

Así que diezma, cristiano. Más aún, ofrenda para causas especiales y casos individuales. Cuando te den tu mensualidad, divide la cantidad por diez y dale esa décima parte a la iglesia. Por ejemplo, si te pagan 100 dólares por algo, dale 10 a la iglesia. Ahora, también está el condenado asunto de los impuestos. Puaj. Cuando le doy un bocadillo a mi hijo Austin (a quien apodamos «Cozy» [Cariñosito]), le saco un buen mordisco primero, al que le llamo «impuesto de papá». Dales a tus autoridades, o al «César», lo que te cobran y dale a Dios una parte de lo que Él te ha dado.

¿Qué darás a tu iglesia esta semana?

La evangelización

–HECHOS 17:22-34

Observa la capacidad de Pablo para evangelizar. Sí, todos somos llamados a evangelizar, pero hay un don espiritual de evangelización (Ef. 4:11) y, sin duda, Pablo lo tenía. Los dones espirituales son habilidades y llamados que el Espíritu Santo le da a cada cristiano. Dios suele llamar a personas con diversos dones a la misma iglesia para que, incluso en una congregación pequeña, todos los dones estén representados por al menos una persona. Por eso, la iglesia se parece a un cuerpo humano, en el cual cada parte tiene un propósito diferente de los demás y todas las partes combinadas logran algo que una sola no podría hacer. En este texto, Pablo usa su don para evangelizar. *Lee el pasaje bíblico de hoy.*

Es increíble. ¡Pablo usó un altar pagano como transición para el evangelio de Jesucristo! Iba adonde la gente estaba y le hablaba con términos que pudiera comprender. ¡El Espíritu Santo se derramó y algunos se salvaron (v. 34)! Así pues, ten esto en mente cuando evangelices hoy y permite que te inspire. Habla con los demás con términos que puedan entender y observa cómo obra el Espíritu Santo. ¡Recuerda que animaremos a la persona que evangelices a evangelizar a otros!

Haz una lista nueva de personas a quienes hablarles de Jesús.

Las pruebas

–1 PEDRO 1:3-9

Ahora que eres cristiano, tienes que entender cuáles son tus dones espirituales y empezar a usarlos en tu iglesia. ¡Es importantísimo! Tus dones espirituales son una pieza fundamental en el rompecabezas de la voluntad específica de Dios para ti. *Lee el pasaje bíblico de hoy.*

La muerte de mi hijo Aiden me dejó con más seguridad en mi fe que nunca. Después de haber estado junto a la tumba de mi hijo y adorado a Dios, estoy seguro de que puedo alabarlo en cualquier parte, pase lo que pase. Las pruebas de tu vida tienen un propósito. Prueban la autenticidad de tu fe. Como vimos en Santiago 2, debes ver las pruebas de tu vida como oportunidades. Tienes que enfrentarlas con un sentido de visión. En tu mente, visualiza el futuro. Entiende que Dios usará tus pruebas para transformarte en un cristiano más fuerte. A veces, el Señor las permite precisamente para que nos volvamos a Él de todo corazón.

¿Qué prueba que atravesaste sirvió para fortalecer tu fe?

Su propia autoridad

–MATEO 22:23-33

Antes de que Jesús empezara su ministerio didáctico (probablemente cuando tenía 30 años aquí en la Tierra), los maestros judíos llamados «rabís» instruían a partir de las enseñanzas de otros rabís; es decir, citaban otras fuentes. Eso es lo mismo que tú tendrás que hacer en esta tarea escolar tediosa pero increíblemente buena para ti llamada «trabajo de investigación». Citar tu fuente es compartir con tu oyente o tu lector los escritos o discursos de los cuales sacaste tu información. Sin embargo, Jesús enseñó de una manera totalmente innovadora. No citaba ninguna fuente. Él mismo era *Su propia* autoridad y nadie había enseñado así antes. *Lee el pasaje bíblico de hoy.*

A esta altura, ya has visto el efecto sorprendente que Jesús tenía sobre las multitudes. Yo predico frente a grandes multitudes y, como alguien que enseña las palabras de Jesús directamente desde la Biblia, puedo decirte que sigue teniendo este efecto. Aquí, Jesús enseña sobre el matrimonio y el cielo, pero principalmente les llama la atención a los saduceos. Verás, los saduceos se pusieron tristes. ¡Ja! Si no crees en la resurrección, como los saduceos (v. 23), tampoco crees en el poder de Dios (v. 29) y no puedes ser salvo (1 Cor. 15:12-20).

¿Por qué cosas podrían «llamarte la atención» en tu vida?

Jesús es la verdad

–HECHOS 18:24-28

La Biblia enseña a los perdidos que Dios nos ama (Juan 3:16), que somos pecadores (Rom. 3:23), que el pecado nos separa de Dios (Rom. 6:23), que Jesús es la verdad y nos exige una respuesta (Juan 14:6) y que somos salvos si confesamos a Jesús como Señor y creemos de todo corazón en Su resurrección (Rom. 10:9). Quiero que se lo enseñes a tu amigo al que llevaste al Señor hace poco. *Lee el pasaje bíblico de hoy.*

Esta pareja, Priscila y Aquila, vio el potencial del joven Apolos (v. 24), lo corrigió en su teología (v. 26) y lo envió a ministrar (vv. 27-28). Es similar a lo que quiero que hagas. Hoy, mira el potencial del amigo al que le predicaste el evangelio. Considera este potencial como una fuerza para el reino de Dios, conéctalo con tu iglesia y preséntaselo a tu pastor.

¿Cómo puedes ayudar a aumentar la fe de amigos que son nuevos cristianos?

¡Peligro!

–1 PEDRO 1:10-16

El libro de 1 Pedro es peligroso. Cuando se escribió, los cristianos eran forajidos pero fuertes como una roca. A menudo, sufrían horribles persecuciones. Se reunían en secreto en habitaciones subterráneas que se habían construido como tumbas. Cuando estaban en público, se comunicaban en códigos (así surgió la imagen del pez como símbolo de Jesús) y, si alguien no asistía a la iglesia, podía significar que lo habían arrestado o incluso ejecutado. Con este contexto original en mente, *lee el pasaje bíblico de hoy.*

El llamado de 1 Pedro a poner nuestra esperanza en el cielo (v. 13) y sus enseñanzas sobre el gozo en medio de las pruebas (1:6-9) son incluso más poderosos cuando los leemos a la luz de su contexto original. Estas personas alababan a Dios y vivían en santidad mientras enfrentaban la muerte. Cuando lleguen las pruebas, en tu noche más oscura, alaba a Dios, cristiano. Sé santo. A través de tu prueba, mantén la mirada en el cielo, donde estaremos *eternamente.* Tu prueba terminará, pero, aun si durara 100 años, ese siglo de tortura no se compara con la eternidad que nos espera en el paraíso (2 Cor. 4:17).

¿Cómo puedes mantener la mirada en el cielo?

Ama, cristiano

–MATEO 22:34-40

Como quizás ya sepas, existen varios ejemplos de profecías del Antiguo Testamento referentes al Mesías que se cumplieron en el Nuevo Testamento. Si señalamos que estos libros se escribieron con un milenio de diferencia, compartir estas verdades escriturales puede ser una defensa de la fe sumamente convincente (es decir, puede convencer a las personas de la verdad del cristianismo), como vimos en el ministerio de Apolos en el día 81. Además, en mi libro anterior, estudiamos el pasaje de hoy, pero mi corazón se llena de emoción al pensar que quizás hayas sido salvo al leer mi otro libro y ahora regreses al mismo pasaje como cristiano. *Lee el pasaje bíblico de hoy.*

Ama, cristiano. Este amor por Dios generará un amor por las personas. Los mandamientos del Antiguo Testamento de comer, adorar y vivir en sociedad de determinada manera se cumplen en Jesús (Mat. 5:17) y los nuevos mandamientos que recibimos del Nuevo Testamento, entre ellos la Gran Comisión, se reducen al *amor* (Juan 13:34-35). Es más, los profetas y las leyes del Antiguo Testamento también se apoyaban en el amor (Mat. 22:40). En tu Marcador de Mateo, ¡escribe que te comprometes con los grandes mandamientos de Mateo 22!

Anota tu compromiso con Mateo 22.

Su Espíritu Santo

–HECHOS 19:1-7

Cuando mi familia se sienta a cenar (en general, algo de la cocina cajún, italiana o mexicana), no solo oro por los alimentos, sino también por mi familia. Hace poco, oré para que Dios llenara mi familia de Su Espíritu Santo, y los resultados han sido increíbles. Es verdad que, si simplemente le pedimos a Dios más de Su Espíritu Santo en nuestras vidas, Él nos lo dará porque es un buen Padre (Luc. 11:13). Lee también Hechos 5:32, Romanos 5:5 y 1 Tesalonicenses 4:8. *Lee el pasaje bíblico de hoy.*

¿Alguna vez asististe a una iglesia como la que encontró Pablo en este pasaje? ¡Sus miembros ni siquiera sabían que existía el Espíritu Santo! Hoy en día, algunos cristianos son así. Adoran al Padre y conocen sobre el Hijo, pero no tienen idea de quién es el Espíritu Santo. En tu Hacha de Hechos, anota una oración pidiéndole a Dios que te llene del Espíritu Santo hoy para que en este día veas cómo el Espíritu obra de manera maravillosa y desborda tu corazón para tocar el de los demás.

Escribe tu oración y pídele al Espíritu Santo que se mueva en tu corazón.

Ama con pureza

–1 PEDRO 1:22-25

Lee el pasaje bíblico de hoy. Estos cristianos perseguidos que estaban desparramados por el Imperio romano recibieron una carta inspirada de parte de Pedro. Una carta podría decir muchas cosas diferentes, pero esta tiene el contenido perfecto porque Aquel que la inspiró es perfecto. Podría haber detallado alguna estrategia militar. Podría haberles enseñado a realizar milagros físicos. Las posibilidades son infinitas, pero lo que contenía era un mandato de amarse unos a otros y de permanecer en la Palabra de Dios. Esto fue lo que aprendieron estos cristianos que sufrían persecución a manos del irracional emperador Nerón, y también se aplica a nuestras vidas en medio de las pruebas que experimentamos.

Permanece en la Palabra de Dios. Créela toda y no retrocedas jamás. Ama intensamente. Está siempre dispuesto a perdonar a tus hermanos cristianos, como ellos te perdonan (Ef. 4:2). Cuando ames, hazlo con un corazón puro y sincero (v. 22). Y, cuando en medio de las pruebas, decides amar a los demás y permanecer en la Biblia, das el ejemplo a los demás creyentes (1 Tes. 1:5-7). Entonces, ¿qué les sucedería a nuestros héroes de la iglesia perseguida de Roma en el año 64? ¡Entérate en el próximo capítulo que habla sobre 1 Pedro!

176

¿Cómo puedes aprender a amar con pureza?

_____

_____

_____

_____

_____

_____

_____

_____

_____

_____

_____

_____

_____

El orgullo

–MATEO 23:1-12

Es peligroso que un cristiano esté orgulloso de lo humilde que es. Piénsalo un momento. Después, *lee el pasaje bíblico de hoy.*

Cuidado con el orgullo, alumno querido. Es tóxico para tu alma, pero sus síntomas son invisibles para la persona afectada. Me llevó años darme cuenta de que era orgullólico. Aunque mi papá y mi hermano me confrontaron directamente, no los escuché. Para que pudiera entenderlo, hizo falta que Dios me humillara. Por favor, no seas como yo y no termines aprendiendo a la fuerza la lección de este fariseo de Mateo 23. Cuando nos exaltamos a nosotros mismos, Dios nos humilla y eso no es broma. Puede ser terriblemente doloroso. En cambio, humíllate ante Dios sin esperar que alguna vez seas exaltado. Esa es la verdadera humildad y es hermoso que el Señor elija a esta clase de personas para exaltar (1 Ped. 5:6; Prov. 27:2). Ve ahora mismo al espejo y, mientras te miras *con sinceridad*, pídele a Dios que te revele cualquier pecado de orgullo que pueda estar en tu corazón. Hoy mismo, da pasos específicos para poner en práctica la humildad. Hazlo y conténtate con no recibir ningún elogio por ello.

¿Qué te está revelando Dios?

179

Da el ejemplo

–HECHOS 20:7-12

Lo de mirarse en el espejo y orar lo dije en serio. Si todavía no lo hiciste, hazlo ahora. Si ya lo hiciste, quizás quieras hacerlo otra vez. Después, prepárate para asombrarte al escuchar esta historia aterradora y maravillosa en *el pasaje bíblico de hoy.*

Entonces, ¿qué aprendimos? Si *te quedas dormido en la iglesia…, te mueres.* ¡Ja! No, era una broma… más o menos. Pablo estaba dando su mensaje de despedida a la iglesia de Troas antes de emprender lo que probablemente sería una misión suicida en Jerusalén. Mientras Pablo hablaba y hablaba, al joven Eutico lo abrumó el humo de las lámparas de aceite que salía por la ventana donde estaba sentado (vv. 8-9). Lo que me impacta más es que lo que Pablo hizo tiene ecos de los profetas del Antiguo Testamento Elías y Eliseo (2 Rey. 4:32-37 y 1 Rey. 17:19-24) y se asemeja muchísimo a la evangelización. Cuando obedeces la Gran Comisión y compartes el evangelio con alguien y la persona se salva, estás viendo resucitar a un muerto. ¡Eso es la evangelización! Así como Eliseo imitaba a Elías, que tu amigo al que evangelizaste hace poco pueda seguir tu ejemplo y evangelizar a otros.

180

¿Quién puede estar siguiendo tu ejemplo?

Cómo enfrentar las pruebas

–1 PEDRO 3:13-18

Lee el pasaje bíblico de hoy. Como verás, hacer frente a las pruebas es (o, al menos, será) una gran parte de tu vida cristiana. Cuando lleguen las pruebas (observa que no dije: «Si llegan»), recuerda la audiencia original de 1 Pedro. ¡Todos ellos ganaron! Aunque muchos cristianos fueron asesinados, para el año 300, ¡la Iglesia sobrevivió y creció hasta abarcar a una mayoría política que hasta influyó al emperador! Ahora bien, esta clase de persecución y el efecto alentador que tiene sobre los cristianos sigue vigente hoy. Pregúntale a tu pastor sobre la iglesia en China y Corea del Norte. Dios usa la persecución y las pruebas para producir fruto.

Ya he mencionado a mi hijo Aiden. Cuando falleció, prediqué un mensaje en su funeral. Ese mensaje llevó a la salvación de varios cristianos nuevos, tanto la primera vez como en cada evento en el que lo he enseñado en todo el mundo. Cientos de personas se han salvado gracias a ese testimonio. Ahora, pregúntame por qué murió mi hijo. Pregúntame por qué mi familia enfrenta esta prueba. Te contestaré que es para que muchos puedan reconciliarse con Dios. Te diré que sucedió para llevar fruto al reino de Dios.

¿Hay cosas difíciles en tu vida que Dios pueda usar?

_____

_____

_____

_____

_____

_____

_____

_____

_____

_____

_____

_____

_____

Selfies

–MATEO 23:25-28

¿Sabes qué fenómeno cultural me parece tanto gracioso como lastimoso? ¡Las *selfies*! *Lee el pasaje bíblico de hoy.*

En nuestra cultura de las *selfies*, la gente quiere mostrar solo la mejor representación de su persona y no la más sincera. Lo mismo sucede en la iglesia cuando alguien aparece listo para dar una función fantástica por fuera, pero en realidad se está pudriendo por dentro (v. 27). En realidad este cristiano de buena pinta se está ahogando en pecados secretos o no es salvo. Sé el joven que ayude al pastor a traer una cultura de autenticidad o sinceridad a tu iglesia. Deja de lado las *selfies* y di la verdad (Ef. 4:25). Si todavía no existe en tu congregación, pídele a tu pastor que cree un grupo de muchachos que se confiesen los pecados unos a otros, oren unos por otros y experimenten una sanidad espiritual auténtica (Sant. 5:16).

¿Eres parte de un grupo? Anota los nombres de los integrantes de tu grupo y ora por ellos.

Tu historia

–HECHOS 22:1-22

Ya te conté parte de mi testimonio sobre cómo Dios hizo cosas tan hermosas a través de mi hijo Aiden. Me resulta maravilloso que eso te transforma en parte de mi testimonio. Yo fui salvo cuando era pequeño, pero, ahora que soy adulto, mi testimonio es que Dios ha sido fiel siempre, en especial a través del dolor más profundo que un padre puede experimentar. Esta vez, Pablo estaba frente a los críticos y contó su testimonio... y al final, ellos quisieron matarlo. ¡Ja! *Lee el pasaje bíblico de hoy.*

Así que, esta es una parte importante tanto de la evangelización como de animar a otros a evangelizar: contar tu historia. Comparte tu testimonio. Si nunca antes contaste tu testimonio, puedes ir a un lugar privado y ensayarlo para pulir los detalles y aumentar tu confianza. Algunos tal vez no estén abiertos enseguida a escuchar las Escrituras, pero al menos te escucharán contarles tu historia. ¿Qué van a hacer? ¿Corregirte? *Tú* eres el experto mundial en tu testimonio. Así que compártelo con confianza hoy.

186

Empieza a escribir tu propia historia.

El gnosticismo

–1 JUAN 1:5-10

Los libros de la Biblia se entienden, se aprecian y se interpretan mejor si sabemos lo que Dios estaba haciendo en la vida de los que los escribieron y en las de aquellos que los recibieron primero. Una vez, hubo un levantamiento. Una antigua religión llamada «gnosticismo» se infiltró en la Iglesia. A los seguidores de esa religión se los llama «gnósticos». Algunos de ellos intentaron sabotear la Iglesia de los nuevos cristianos con su infiltración y sus escritos de un falso «evangelio» (que se encontró en los manuscritos de Nag Hammadi) y recibieron una paliza en el libro de 1 Juan. *Lee el pasaje bíblico de hoy.*

Hablando de conflicto, *hace poco* me enfrenté con pastores que no toman la Biblia literalmente como yo. (Tomar la Biblia literalmente significa que crees en *toda* la Biblia). La Biblia que usamos los protestantes evangélicos se formó a través de una serie de eventos en los que participaron monjes meticulosos y protectores, e historiadores detallistas y sinceros, y mediante varias reuniones importantísimas (como el Concilio de Nicea), donde estuvieron cientos de grandes hombres de Dios. A las enseñanzas falsas, poco confiables o innecesarias (como las de los libros apócrifos que aparecen en la Biblia católica y en la ortodoxa oriental o los manuscritos de Nag Hammadi) no se les dio lugar en el canon de la Escritura que hoy conforma nuestra Biblia.

¿Cuántos libros de la Biblia puedes enumerar en orden? Vamos.

92

El Hijo del Hombre

–MATEO 24:36-51

Ponte a trabajar, hermano. Ahora que eres cristiano, tienes que estar ocupado haciendo la voluntad de Dios. Después de bautizarte, debes unirte a una iglesia y contribuir en sus actividades, evangelizar, alentar a los nuevos para que ellos también evangelicen y mantener en tu corazón las misiones globales. ¡Tenemos que estar ocupados haciendo la obra porque no sabemos cuándo regresará Jesús! Recordemos que la frase «Hijo del Hombre» se refiere a Jesús. *Lee Mateo 24:36-44.*

Este es uno de esos pasajes fascinantes pero perturbadores que nos enseñan sobre el rapto. La segunda venida de Jesús es uno de los momentos culminantes al final de los tiempos cuando Jesús regresará a este mundo en un instante inesperado. Es inesperado por diseño. Como no podemos saber cuándo sucederá, estamos obligados a hacer la voluntad de Dios como si pudiera pasar en cualquier momento. Podría pasar antes de que... termines... de leer... esta frase. Bueno, quizás no haya pasado en esa frase, pero podría suceder... en esta. ¿No? Bueno. Algo es seguro y siempre lo será en esta vida terrenal: nunca antes estuvo tan cerca. Anota eso en tu Marcador de Mateo ahora. *Después, lee Mateo 24:45-51.*

Escribe «nunca antes estuvo tan cerca» en esta página.

93

La integridad y el autocontrol

–HECHOS 24:22-27

¿Escribiste «la segunda venida de Jesús nunca antes estuvo tan cerca» en tu Marcador de Mateo? Si no, anótalo en tu Hacha de Hechos. El regreso inminente (es decir, que puede suceder en cualquier momento) de Jesús me motiva a predicar el evangelio aquí y en todo el mundo. Que las personas se pierdan y pasen la eternidad en el infierno y lejos de Dios motiva todo lo que hago con mi vida. Hablando de viajes misioneros, veamos cómo sigue Pablo y su viaje misionero en *el pasaje bíblico de hoy*.

Félix esperaba que Pablo lo sobornara, pero el apóstol decidió mantener su integridad, ¡aunque eso lo mantuvo en la cárcel durante dos años! Qué testimonio. Ahora bien, ¿te diste cuenta de que las enseñanzas bíblicas de Pablo sobre la justicia y el autocontrol llenaron de miedo a Félix (v. 25)? Ser un cristiano con autocontrol (un fruto del Espíritu Santo, según Gál. 5), pondrá incómoda a alguna gente. Las personas intentarán cambiarte, aunque hacerlo no cambie las pautas de Dios. No querrán escucharte porque prefieren estar perdidas y seguir en su propio pecado que ver la luz del evangelio (Juan 3:19), ¡pero tú debes seguir adelante y resistir!

¿Tu fe pone incómodas a otras personas? ¿Por qué o por qué no?

El amor

–1 JUAN 2:1-11

Ahora que eres cristiano, el amor debe ser lo más importante para ti. Mira las naciones distantes llenas de perdidos a través de la lente del amor. Según el texto de hoy, Jesús murió como propiciación (sustituto) no solo por tus pecados, ¡sino por los pecados de todo el mundo (v. 2)! Como vimos el día 83, todos los mandamientos de la Biblia se reducen a este llamado a amar. Aquí tienes ese llamado nuevamente en *el pasaje bíblico de hoy*.

Recuerda que el propósito parcial de 1 Juan, entre otros libros, era contrarrestar la falsa enseñanza del gnosticismo que se estaba propagando en la Iglesia. Los cristianos gnósticos afirmaban que habían recibido una revelación especial de Dios. Detestaban la doble naturaleza de Jesús como Dios (espíritu) y hombre (físico). Así que escribieron estos falsos evangelios con los nombres de gente como Judas, Felipe y María. Incluso un historiador anticristiano te dirá que estos libros se escribieron siglos después de la muerte de Judas, Felipe, María y los otros supuestos autores de los evangelios gnósticos. Hoy tienes que recordar el versículo 2 y ser correctamente escéptico ante cualquier enseñanza de estilo gnóstica que lo contradiga. Recuerda que Dios ama al mundo y no dejes que nada más te persuada.

¿Qué aprendiste del pasaje bíblico de hoy?

El talento

–MATEO 25:14-30

Recuerda que, en algunas traducciones de la Biblia, la palabra *talento* se refiere a una moneda de curso legal como el dólar. *Lee el pasaje bíblico de hoy*. Este texto nos dice que nos pongamos a trabajar con lo que Dios nos ha dado y nos enseña algo increíble sobre el cielo. Nos pinta una imagen de los creyentes parados junto a Dios al final de sus días y al Señor que recompensa por siempre a los que hicieron Su voluntad. Pero allí también hay uno que no hizo nada. No hizo la voluntad de Dios y así demostró ser un «cristiano» al estilo de Mateo 7 que nunca conoció a Dios en realidad.

Este pasaje me hace emocionar al pensar en el cielo y me motiva mientras estoy en la Tierra. Ahora que eres cristiano, ¡tu destino es el cielo! ¡Qué maravilloso! Ahora, ponte a trabajar. Pon manos a la obra con los dones espirituales que has recibido. No todos tendrán «cinco talentos» (o bolsas de plata) como Pablo. Algunos somos cristianos de «dos talentos», pero incluso los cristianos con un fruto espiritual humilde pero honrado compartirán la felicidad de Dios, ¡y eso es verdaderamente admirable!

196

¿Cuáles de tus talentos puede usar Dios?

Las misiones globales

–HECHOS 26:24-32

Ahora mismo, mientras estoy sentado junto a mi escritorio con mi hijo Cozy en la falda, mirando las palmeras por la ventana, estoy orando para que Dios coloque en tu corazón un amor por las misiones globales, para que, algún día, recibas el llamado de viajar al extranjero a alcanzar a personas en alguna costa distante que necesiten escuchar el evangelio. *Lee el pasaje bíblico de hoy.*

Pablo estaba hablando con el rey Agripa, intentando convencerlo de que se convirtiera en cristiano, pero Agripa se mostró obstinado (v. 28). Aunque, en este punto, Pablo ya había estado encadenado durante años, lo único que quería era que sus captores se salvaran (v. 29). Nada impediría que siguiera llevando a las personas a la fe en Cristo. Deseo que puedas aspirar a ser como Pablo. Aunque te rechacen una y otra vez al evangelizar, nunca dejes de obedecer la Gran Comisión. Nunca sabes lo que puede suceder. Un chico al cual le hablé de Jesús muchas veces sin llegar a nada durante gran parte de mi infancia me llamó hace poco y me pidió que oficiara su boda (que fuera el pastor en ella). Así que, al igual que Pablo, sigue adelante y evangeliza pase lo que pase. Como Pablo, realiza un viaje misionero algún día.

¿A qué parte del mundo te gustaría ir a compartir el evangelio?

El Apocalipsis

–APOCALIPSIS 1:1-20

Bueno, ahora ya no tengo a Cozy en la falda, pero Asher me está «ayudando» a escribir. El libro de Apocalipsis es el único libro de la Biblia que promete una bendición para todo el que lea su mensaje y lo obedezca (v. 3). Buenísimo, ¿no? Ahora que eres cristiano, tienes que ser disciplinado, tener una meta clara y no temer estudiar pasajes grandes y fuertes de la Biblia. No debería costarte demasiado. ¡Mira todo lo que ya has leído! *Lee el pasaje bíblico de hoy.*

Por supuesto, un tema atractivo de este capítulo es el regreso de Cristo. Sin embargo, el otro tema presenta la mirada principal de los primeros cuatro capítulos de Apocalipsis. Aquí, Jesús está caminando entre los candelabros que representan siete iglesias diferentes y, según la correcta interpretación de la Biblia, también simbolizan nuestras iglesias de hoy. Imagínalo. Visualiza a Jesús caminando entre los candelabros, mirándolos con admiración y afecto, y enseñándoles con una confrontación sin tapujos y perfecta. El Espíritu Santo está en tu iglesia. ¿Lo sabías? Al igual que estas siete iglesias, la tuya puede tener algunos errores profundos, pero sigue siendo la esposa de Cristo. Dios se interesa por ella, y la victoria profetizada en Mateo 16:18 sigue siendo válida para la Iglesia como un todo: las puertas del infierno no podrán vencerla.

¿Cómo imaginas el regreso de Cristo? Anota tus reflexiones.

98

El sacrificio

–MATEO 26:6-13

Este es el último pasaje del Evangelio de Mateo que leeremos en este estudio que se ha extendido en estos dos libros combinados de devocionales. En él, veremos una profecía de Jesús. Antes de que te levantes de tu silla de escritorio o del asiento de comando de tu aerodeslizador (la opción que sea), verás el cumplimiento de esa promesa. Por cierto, no leas mientras manejas tu aerodeslizador; es peligroso. *Lee el pasaje bíblico de hoy.*

En el versículo 13, Jesús profetizó que este suceso se proclamaría en todo el mundo y, como acabas de leerlo en el libro de mayores ventas de la historia, fuiste testigo de cómo se cumplió esa profecía. Jesús sabía que la crucifixión llegaría poco después de ese momento, y este hermoso acto de adoración fue una preparación para el entierro de Jesús, aunque esta mujer quizás no lo entendiera (v. 12). El perfume valía todo un año de salario (Mar. 14:5). Era sumamente valioso, y *eso fue lo que lo transformó en un sacrificio de adoración.* Ella lo derramó, lo cual prueba que no tenía ninguna intención de recuperarlo. *Eso* es adoración. Que toda tu vida sea un sacrificio de alabanza a Dios (Rom. 12:1-2). No des solo lo que puedes darte el lujo de perder. No esperes recuperarlo.

¿Qué nuevo regalo puedes ofrecerle a Dios?

Rechazado

–HECHOS 28:7-31

Si te gustó este estudio del libro de Hechos, te encantará la serie que está en *365 Devos for Teen Guys*, donde resaltamos los milagros de Hechos y estudiamos el naufragio del capítulo 27. *Lee el pasaje bíblico de hoy.*

Acabo de cumplir 29 años. Hace 23 años que soy cristiano y, en ese tiempo, he llevado a varias personas a Cristo, pero los rechazos han sido mucho más abundantes que el fruto evangelístico. Eso es parte de la historia del pasaje de hoy. En los versículos 7-10, Pablo realiza un milagro de sanidad y, a medida que se corre la voz, la gente acude a él para ser sanada. Lo hermoso de los versículos 30-31 es que reflejan la misma situación: personas que se enteraban del ministerio de Pablo y acudían a él para ser sanas por el evangelio. Después del versículo 31, el Espíritu Santo siguió interviniendo en la historia del mundo y la Iglesia hasta llegar adonde estás sentado ahora. Que el llamado de tu vida sea poner en práctica y, de alguna manera, ¡escribir el capítulo número 29 de Hechos!

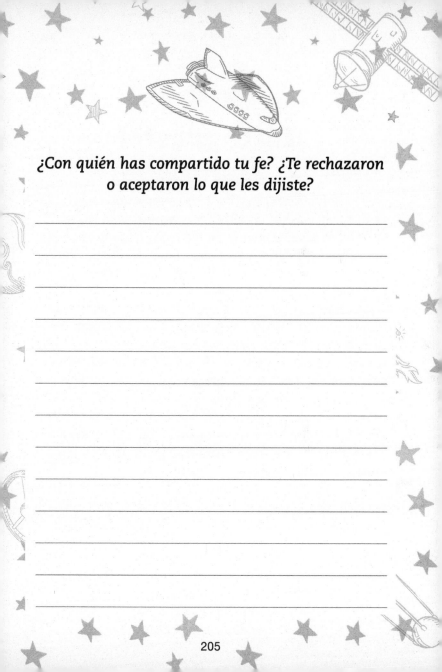

¿Con quién has compartido tu fe? ¿Te rechazaron
o aceptaron lo que les dijiste?

¡Lo lograste!

–APOCALIPSIS 21:1-27

Lee el pasaje bíblico de hoy. Vaya, sorprendente, ¿no? El cielo es el lugar perfecto donde todo es nuevo, la presencia de Dios es nuestra fuente de luz ¡y no hay más tristeza! Ahora que eres cristiano, ¡vas a poder ver ese lugar! Si no llego a conocerte en esta Tierra, nos encontraremos en el cielo.

Vuelve al espejo que usamos antes y ora de corazón. Ahora que te bautizaste, que estás participando y contribuyendo activamente en una iglesia, que has experimentado al Espíritu Santo, que has evangelizado, que has animado a los nuevos cristianos a evangelizar y que tienes las misiones globales en tu corazón, dile a tu reflejo, con pleno conocimiento de todo lo que Dios ha hecho: «Soy cristiano, ¿y ahora qué? Ahora, esto (señálate a ti mismo). Ahora, iré por más (señala tu puerta)». ¡Estoy inmensamente orgulloso de ti, alumno querido!

Anota en esta página: «Soy cristiano». Créelo.
Vívelo. Compártelo.